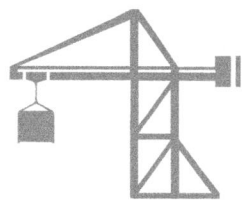

航向零碳

中国港口绿色低碳转型之路

主　编　周　芳

副主编　尤晓光　肖　峰

中国发展出版社
CHINA DEVELOPMENT PRESS

图书在版编目（CIP）数据

航向零碳：中国港口绿色低碳转型之路 / 周芳主编；尤晓光，肖峰副主编. — 北京：中国发展出版社，2024.12. — ISBN 978-7-5177-1437-8

Ⅰ. U65

中国国家版本馆 CIP 数据核字第 2024UH4452 号

书　　　名：航向零碳：中国港口绿色低碳转型之路

主　　　编：周　芳

副　主　编：尤晓光　肖　峰

责 任 编 辑：杜　君　吴若瑜

出 版 发 行：中国发展出版社

联 系 地 址：北京经济技术开发区荣华中路 22 号亦城财富中心 1 号楼 8 层（100176）

标 准 书 号：ISBN 978-7-5177-1437-8

经 销 者：各地新华书店

印 刷 者：北京盛通印刷股份有限公司

开　　　本：710mm×1000mm　1/16

印　　　张：10.75

字　　　数：146 千字

版　　　次：2024 年 12 月第 1 版

印　　　次：2024 年 12 月第 1 次印刷

定　　　价：48.00 元

联 系 电 话：（010）68990642　68990625

购 书 热 线：（010）68990682　68990686

网 络 订 购：http://zgfzcbs.tmall.com

网 购 电 话：（010）88333349　68990639

本 社 网 址：http://www.develpress.com

电 子 邮 件：121410231@qq.com

目 录

第一章

港口绿色低碳发展概述

在全球气候变化的大背景下，中国港口正面临着转型升级的挑战。中国是全球最大的港口国之一，在迅速发展的同时，也承担着节能减排和环境保护的重任。本章深入探讨了中国港口绿色低碳发展的背景、意义、现状及未来方向，旨在为港口业的可持续发展提供理论支持和实践指导。

在碳达峰、碳中和的时代背景下，中国港口的绿色低碳发展既是对国家战略的积极响应，也是对全球气候治理和经济合作的重要贡献。中国港口在全球绿色低碳发展的道路上必将走在前列，为世界港口业的可持续发展树立典范。

一、我国港口绿色低碳发展的背景

我国已成长为世界港航大国，港口发展迅速，港口吞吐量连续多年位居世界第一，港口是我国共建"一带一路"的支点和枢纽。港口主要依靠消耗石化能源开展生产作业，因此也是碳排放大户。在全球低碳化发展的大背景下，许多国家和地区纷纷开展低碳绿色港口建设。我国也提出了实现碳达峰目标，作为碳减排重点领域，我国港口业面临的节能减排、绿色增长的压力依然很大。

（一）我国高度重视港口绿色低碳发展

2019年1月，习近平总书记在视察天津港时强调："要志在万里，努力打造世界一流的智慧港口、绿色港口，更好服务京津冀协同发展和共建'一带一路'。"①我国港口绿色低碳发展以绿色观念为指导，科学布局、合理利用港口资源，把港口发展和资源利用、环境保护有机结合起来，旨在建设环境健康、生态良好、资源利用合理、低能耗、低污染的新型港口。践行港口绿色低碳发展理念，建设绿色低碳港口是我国港口业发展的必然趋势。

2017年12月，交通运输部印发《关于全面深入推进绿色交通发展的意见》，明确了绿色交通的总体要求和发展目标，提出全面推进实施绿色交通发展七大工程和构建绿色交通发展三大制度保障体系。2019

① 天津港推进智慧绿色枢纽港口建设 提升海运效能 促进协调发展［N］.人民日报，2022-03-23-（10）.

年9月，中共中央、国务院印发《交通强国建设纲要》，提出构建安全、便捷、高效、绿色、经济的现代化综合交通体系，其中第七部分强调绿色发展节约集约、低碳环保，该部分涵盖了促进资源节约集约利用、强化节能减排和污染防治、强化交通生态环境保护修复等内容。2019年11月，交通运输部等九部门印发了《关于建设世界一流港口的指导意见》，提出"到2025年，世界一流港口建设取得重要进展，主要港口绿色、智慧、安全发展实现重大突破，地区性重要港口和一般港口专业化、规模化水平明显提升"。2021年2月，中共中央、国务院印发了《国家综合立体交通网规划纲要》，提出推进绿色发展和人文建设的重点任务，包含污染综合治理、生态保护修复、结构调整优化、清洁能源应用等内容。

（二）我国港口绿色低碳发展的制约

近年来，我国港口在节能降碳、污染防治、生态保护等方面均取得了积极成效，但港口的绿色低碳发展水平相较于世界一流港口仍存在一定差距。主要体现在：①港口减碳目标的顶层设计缺乏，目前国内尚缺乏港口码头减碳目标的顶层设计，尚未建立碳排放指标体系和核算方法，未明确行业绿色发展的目标、措施要求、制度保障和责任机制；②运输结构不平衡、不合理，大宗货物中长距离公路运输占比仍然偏高，铁水联运、多式联运等高效组织模式发展滞后，疏港铁路建设比例偏低；③港口减碳技术尚不成熟，老旧船舶不能及时更新、船舶超标排放等问题仍未得到根本解决，港口船舶温室气体排放量依然处于增长阶段，减排难度不断加大；④港口污染防治能力较低，老旧码头环保设施使用效率和实际效果有待提升，港口污染防治全链条衔接不畅。

（三）我国港口绿色低碳发展概述

港口是我国社会经济体系的重要组成部分[①]，目前港口碳排放已成为我国温室气体的重要来源之一，港口在建设、运营的过程中会不可避免地消耗不可再生资源。同时港口生态环境和生态资源也是一种资本，与其他资本相比，既有保值增值特性的共同要求，也有基础性、公共性、自然性和不可替代性的特点，因此，推动港口发展需要优化资源配置，综合考虑前期基础设施建设成本和后期运营维护成本，确保港口在经济、社会和生态方面的协调发展。

港口发展不可避免地会受到各种社会因素的影响，其发展必须符合当代城市发展要求。例如，在规划阶段，应充分考虑能源资源的最优化利用和废弃物的回收再利用；在运营阶段，要树立节能意识，充分利用清洁能源等。基于实践，港口在发展进程中，必须充分考虑其对社会环境、生态环境和人文环境的影响。实现港口绿色低碳发展要从我国经济社会发展阶段性目标、国内外供需关系变化等实际情况出发，结合我国港口发展情况，制定科学合理的规划。不仅要统筹港口总体布局规划，促进港口、城市和产业的深度融合，还应丰富港口功能，注重环境保护，形成相互促进、协同发展的良性互动格局。

我国生态资源空间分布的均衡性有待提升，各港口面临的资源环境压力差别较大，港口群区域发展不均衡。港口绿色低碳发展所要解决的关键问题是发展模式的转变，并通过发展模式的转变实现可持续发展。因此，港口绿色低碳发展的本质是由粗放发展向集约发展、低碳发展的转变，是低污染、低消耗和高收益、高循环的有机统一。

推动港口绿色低碳发展是我国积极参与全球气候治理和全球经济

---

① 欧阳斌，王琳.中国绿色港口发展战略研究［J］.中国港湾建设，2014（4）：66-73.

合作的行动实践，是践行习近平生态文明思想、贯彻新发展理念和推动高质量发展的重要内容。港口绿色低碳发展就是将绿色与低碳有机结合起来，改变港口"大量消耗、大量排放"的传统发展模式，在严格保护生态环境的前提下，全面提高港口资源利用效率，促进生态环境质量持续改善、减污降碳协同推进，实现经济社会发展和生态环境保护协调统一、人与自然和谐共生。

二、港口绿色低碳发展的研究意义

本书基于现有的关于港口绿色低碳发展的经验、技术、法规、标准及政策体系，开展港口绿色低碳发展研究。本书研究成果将有助于我国在建设世界一流的海洋港口以及现代化的海洋产业体系的同时，构建绿色可持续的海洋生态环境。对我国港口进行绿色低碳发展研究的意义主要有以下几点。

一是为新时代生态文明建设和绿色发展提供支撑保障。习近平生态文明思想对绿色发展提出了新要求、新方向。为深入贯彻习近平生态文明思想，落实《交通强国建设纲要》战略决策和《关于建设世界一流港口的指导意见》任务要求，以促进港口高质量发展为核心，加快我国世界一流港口建设步伐，本书围绕全国主要港口绿色低碳发展模式进行研究，明晰港口绿色低碳发展路径，加快解决港口发展存在的突出生态环境问题，为绿色低碳港口建设提供理论与技术支撑。

二是完善我国港口开展绿色低碳发展的技术体系的研究。建立绿色港口建设的技术体系是推动港口绿色低碳发展的关键之一。本书针对绿色港口建设、运营和管理的关键技术，提出我国无废港口建设、生产用能结构优化、港口污染防治以及港口生态治理的技术路径，以期形成港口绿色低碳发展全过程管理的综合技术方案，有利于推动港口绿色低碳发展。

三是有利于更好地开展港口绿色低碳发展路径的研究，为加强绿色港口源头管理和全过程管理提供有力支撑。随着社会主义生态文明观和绿色发展新要求的提出，绿色交通的内涵、特征需要不断深化和丰富，绿色交通的基本理论框架体系也需要进一步完善。本书开展港口绿色低碳发展路径研究，涵盖绿色港口规划、设计、运营和管理的各个阶段，为加强港口绿色建设的源头管理，实现港口绿色低碳发展全过程管理提供有力支撑。

三、港口绿色低碳发展的研究状况

（一）港口绿色低碳发展的学术研究

1. 国外港口绿色低碳发展的学术研究

在全球低碳化发展大背景下，美欧等西方发达国家和地区从 21 世纪初就纷纷开展了绿色低碳港口建设，并形成了一系列的研究成果，研究领域非常广泛，本部分主要对国外港口绿色低碳发展研究成果进行综述。

Peris-Mora E 等运用系统模型和多标准分析法对港口活动开展环境评估，从而确定潜在的生态环境影响并进行分析[1]。Abood K A 提出将绿色可持续发展理念运用到港口领域[2]。基于美国能源与环境设计先导评价标准（LEED）建立绿色港口的发展评价指标体系，用指标量化建设状况，综合对港口的绿色低碳发展情况进行评价，既能找出港口绿色低碳发展的不足，又能为相关部门建立考核评价制度提供依据，从而促进港口的绿色发展。Wiegmans B W 和 Louw E 指出，港口为了自身发展盲目扩张造成港区周边环境污染、资源利用率低下等各种问题，制约了港口的绿色发展[3]。Yang Y C 和 Chang W M 从节能减排的角度构建了港口的评价指标体系，通过构建模型分析了港口面临的环境问题，并预测了港口环境保护发展的新趋势，给相关部门建设绿色港口提供

---

① Peris-Mora E，Orejas J M D，Subirats A，et al. Development of a system of indicators for sustainable port management［J］. Marine pollution bulletin，2005（12）：50.

② Abood K A. Sustainable and Green Ports：Application of Sustainability Principles to Port Development and Operation［J］. 2007.

③ Wiegmans B W，Louw E. Changing port-city relations at Amsterdam：A new phase at the interface？［J］. Journal of Transport Geography，2011，19.

了一定的借鉴和指导 [①]。Rong-Her C 等的研究结果表明，对绿色港口影响较大的指标有大气污染、水污染、危险废物处理、港口的绿化以及栖息地质量维护等，通过运用 FAHP 模型评价港口的绿色发展水平，可以给港口组织决策者提供参考 [②]。Duan X 等在已有研究的基础上，运用属性坐标分析法来分析绿色港口的发展水平，并构建了包括三个属性和十个因素的评价指标体系 [③]。

除以上研究成果外，绿色低碳港口作为解决与港口相关的环境和社会可持续性问题的一种方式，也频繁出现在国际海事组织的政策讨论中，负责制定规范的海事组织和港口环境部门创建并推广了不同的绿色发展相关政策、环保基础设施建设标准、港口准入策略、综合管理方法和评价指标体系，以实现港口的可持续发展。

2. 国内港口绿色低碳发展的学术研究

我国学者主要采用层次分析法、驱动力—压力—状态—影响—响应（DPSIR）模型、网络分析（ANP）模型等开展了港口绿色低碳发展的相关研究。余景良等以层次分析法明确了港口不同研究的指标权重，并以模糊综合评价方法全方位评估了港口的自身功能 [④]。邵超峰等在充分探讨了我国港口绿色发展现状之后，根据 DPSIR 模型提出了绿色港口的评价指标，并且构建了评价体系，推动了我国港口绿色评价研究的发展 [⑤]。刘翠莲和郁斛兰重点研究了影响港口绿色发展的内在机理，

①　Yang Y C, Chang W M. Impacts of electric rubber-tired gantries on green port performance [J]. Research in Transportation Business & Management，2013，8.

②　Rong-Her C, Le-Hui L, Shih-Chan T. Evaluation of Green Port Factors and Performance: A Fuzzy AHP Analysis [J]. Mathematical Problems in Engineering，2014，2024：1-12.

③　Duan X, Xu X, Feng J. Research of the evaluation indeicsystem of green port based on analysis approach of attribute coordinate [C] //IFIP TC 12 international conference on intelligence science，2017.

④　余景良，王正祥，邹鹏高，等 . 港口项目综合质量模糊评价 [J]. 广州航海学院学报，2007，15（1）：22-25.

⑤　邵超峰，鞠美庭，何迎，等 . 基于 DPSIR 模型的生态港口指标体系研究 [J]. 海洋环境科学，2009，28（3）：333-337.

梳理了影响我国港口绿色发展的运营、创建、计划三个方面的有关环保的因素，根据 DPSIR 模型创立了评价指标体系，该体系能够帮助我们更直白地找出绿色港口发展建设过程中需要注意的事项[①]。欧阳斌等提出了绿色低碳港口评价方法及标准，结合港口所在地区的交通情况和港口各项资料的数据，从综合性、系统性、管理性及特色性四个方面设定定量与定性分析指标，还增加了公司监管检测、个例和典型的数据调查，同时对标国际领先水平，进一步确定各类港口的评价分值标准[②]。黄晗等在传统的港口评价指标体系中增加了能源消耗、污染物排放、环境防治等相关指标，采用 ANP 模型进行评价，并通过 Super Decisions 软件进行计算和分析[③]。张惠茗和王杰对目前我国港口低碳化发展中存在的主要问题进行了分析，并邀请专家对港口低碳发展中的影响因素进行评价比较，进而基于灰色系统理论与层次分析法建立了相应的评价指标体系[④]。

我国已成为港航大国，港口发展迅速，但我国港口的"三高"（高投入、高能耗、高污染）现象仍未被彻底消除。随着我国碳减排工作进入新时代，我国港口有待持续深入推进绿色转型、低碳转型。近几年来，我国持续开展绿色低碳港口建设工作，取得了良好的成效，通过政策支撑、技术支撑以及管理支撑，推动我国港口的绿色低碳发展。

---

① 刘翠莲，郁鼐兰. 论我国绿色港口建设［J］. 武汉理工大学学报（社会科学版），2011，24（3）：328–331.

② 欧阳斌，王琳，黄敬东，等. 绿色低碳港口评价指标体系研究与应用［J］. 水运工程，2015（4）：73–80.

③ 黄晗，莫东序，程婉静. 基于 ANP 模型的绿色港口竞争力评价［J］. 技术经济，2017，36（2）：117–122.

④ 张惠茗，王杰. 港口低碳化发展存在的问题及评价指标体系构建［J］. 中国水运，2020（11）：59–61.

（二）港口绿色低碳发展的顶层设计研究

"十二五"以来，我国港口业实现了快速增长，但同时行业发展也面临着与日俱增的生态环境保护压力。我国港口绿色低碳发展的相关政策，近年来呈现出逐步强化和细化的趋势。

1. 初步推动阶段

在这个阶段，政策主要集中于提出绿色低碳发展的目标和方向，为后续的具体措施提供指导。2009 年，我国政府在哥本哈根世界气候大会上作出承诺，到 2020 年单位 GDP 二氧化碳排放比 2005 年下降 40% ~ 50%。2011 年 2 月，交通运输部发布《关于印发〈建设低碳交通运输体系指导意见〉和〈建设低碳交通运输体系试点工作方案〉的通知》，强调交通运输业是国家应对气候变化工作部署中确定的以低碳排放为特征的三大产业体系之一，建立低碳交通运输体系对我国应对气候变化、实现碳减排目标具有重要意义。《交通运输"十二五"发展规划》强调了港口在绿色低碳交通中的核心地位。2011 年，交通运输部编制《公路水路交通运输节能减排"十二五"规划》，明确提出到 2015 年港口生产单位吞吐量二氧化碳排放比 2005 年下降 10%。以上政策文件体现出早在国家提出生态文明建设和绿色发展理念之初，港口作为重要的能源消耗和排放源，已被纳入绿色低碳发展的考虑范围。

2. 细化实施阶段

2012 年，交通运输部出台《关于组织开展交通运输节能减排专项资金区域性和主题性管理试点的通知》，提出将天津港、连云港港、青岛港和蛇口港四个港口作为"低碳港口建设"试点单位。2012 年，《交通运输部关于港口节能减排工作的指导意见》明确了引进、消化与吸收节能减排技术创新成果，健全节能减排工作机制，健全节能减排监督管理体系等低碳港口发展的方向和措施。2013 年，交通运输部发布推荐性行业标准——《绿色港口等级评价标准》，并于 2020 年更新，用于指导港口节能减排相关的评奖及安排港口节能减排专项资金申请等工作。港口在环境保护、粉尘控制、安全生产等方面受到的监管日趋严格，环保投入持续增加。

（三）港口绿色低碳发展的技术研究

我国港口主动探索"节能减排""降耗提效"的新模式，不断加快节能环保型新技术、新工艺在港口实践中的自主研发和转化应用，油改电、船舶岸电技术以及液化天然气（LNG）和风能等清洁能源，在港口绿色低碳建设中得到推广。港口的主要设备包括岸桥、场桥、皮带输送机和转运车辆等，其能源来源主要为柴油。电力供能是通用的港机供能方式，可以为港口的主要设备提供动力，而且节能、易于控制、便于实现自动化，这使大型港口的物流设备电气化成为不可逆转的趋势，港口正积极推广"宜电则电"的能源使用形式。

船舶岸电技术是指船舶到达港口后，关闭船舶自身设备，接用岸上电源，从而最大限度降低船舶在港口的碳排放量。船用岸电技术已经在连云港等大型港口进行试用并取得成功。因此，应将该项技术加以推广，运用到更多的港口建设中，促进港口的绿色化和低碳化转型。

港口提高清洁能源的使用比例可有效减少碳排放，促进港口尽早实现"双碳"目标。部分港口码头通过实施清洁能源改造，推广液化天然气、氢能等清洁能源以及光伏等新能源，从而优化港口能源结构。

四、港口绿色低碳发展的理论基础与概念界定

（一）港口绿色低碳发展的理论基础

1. 绿色发展的理论基础

绿色发展由绿色经济理念衍生而来，起源于 1989 年英国经济学家皮尔斯的《绿色经济蓝皮书》[①]。绿色经济学是研究环境与经济发展之间的相互关系以及分析经济发展内在机理的理论，包括环境保护、资源与环境成本及可持续发展等一系列问题，对环境保护和经济发展有重要的指导作用。

绿色发展的理论前提是经济系统、自然系统和社会系统具有共生性，由此也决定了系统间既有正向又有负向的复杂交互作用。在不同的历史时期，不同生产要素的投入比重也不尽相同。在农业文明时代，土地和劳动力被视为最重要的生产要素；在工业文明时代，土地、劳动力和资本被视为最重要的生产要素。环境资源是生产的基础，有助于推动传统产业的升级转型，形成新的经济增长点。随着经济社会的高速发展，资源和环境的稀缺性日益凸显，为了应对资源危机和解决环境破坏问题，绿色发展应运而生。绿色发展的概念更具包容性，既包括传统可持续发展中所关注的人口和经济增长与资源供给之间的矛盾，也强调气候变化产生的人类社会整体性危机。凡是与环境保护和可持续发展相关的经济形态和发展模式都可以被纳入绿色发展的范畴。

时至今日，尽管人类社会通过一系列努力有效遏制了全球范围内的生态环境恶化趋势，在一定程度上缓解了能源资源的短缺，但新的

① 王新玉.低碳发展与循环发展、绿色发展的关系研究［J］.生态经济，2014，30（9）：39-44.

问题仍然层出不穷，人类在绿色发展的路上始终处于"追赶"状态。2018 年诺贝尔经济学奖得主威廉·诺德豪斯教授的著作《绿色经济学》一书试图从经济学的视角探求绿色发展长期处于"供不应求"状态的原因，包括跨学科困境、外部性困境、价值核算困境和行为偏差困境。围绕以上原因，诺德豪斯教授认为，政策、创新与投资是驱动绿色发展的三条道路[①]。

港口绿色发展是指在港口的规划、设计、施工建造以及运营过程中，通过采取各种污染防治措施，在保证高产出的情况下，减少对生态及环境的影响。港口绿色发展的关键是维持环境保护和经济利益之间的动态平衡。在这个平衡点上，港口在环境可承受范围内使经济利益最大化。自 20 世纪 90 年代起，国外学者就已经开始研究如何评价港口经济和环境协调发展间的关系，最初以港口企业为主导，目的在于保护和改善港口环境。如今的研究体系和评价标准趋于完善，研究成果日益丰富，包括北美绿色航运计划（Green Marine Environmental Program）、欧洲生态港认证体系（EcoPorts）、亚太绿色港口奖励计划（Green Port Award System）等，我国也出台了《绿色港口等级评价标准》。如今，港口绿色发展研究领域不仅包括环境管理，也逐渐扩展到清洁能源、智慧化等方面。

2. 低碳发展的理论基础

低碳发展这一概念由低碳经济理念衍生而来，来源于 2003 年英国时任首相布莱尔发表的《我们未来的能源：创建低碳经济》白皮书[②]。随着全球对气候变化的关注度持续提升，国际社会已逐步认识到气候

---

① 李志青.以政策、创新和投资促进绿色发展——诺奖得主（美）威廉·诺德豪斯《绿色经济学》书评［J］.新金融，2022（10）：62–63.

② 潘家华，庄贵阳，郑艳，等.低碳经济的概念辨识及核心要素分析［J］.国际经济评论，2010（4）：88–101+5.

恶化的影响范围之广和不确定性带来的潜在威胁，低碳发展逐步成为新的发展共识。低碳模式通过调整能源结构、生活方式、生产方式、消费模式等，提升各国对技术创新、组织创新、制度创新的重视程度，提高能源利用效率，推动能源结构的清洁化。低碳发展是在传统社会经济发展的基础上，进一步将土地等生态资源细化为能源等自然资源的消耗和温室气体排放的环境容量，具有较强的针对性，强调通过建立具有低碳属性的经济结构或能源结构，在减少碳能源消耗的同时保持社会经济高速发展。碳排放已成为社会经济发展的一种约束性指标。

低碳发展是气候变化背景下人类的必然选择。发展低碳经济是应对气候变化的主要途径。国际社会形成了《联合国气候变化框架公约》《联合国气候变化框架公约京都议定书》《巴黎协定》等相关文件，确认了"共同而有区别责任"的原则，合作应对气候变化问题。很多国家也已经积极开展碳减排行动，发展低碳经济，意图减少传统经济体系对化石能源的依赖，尤其是发达国家把低碳发展作为国家竞争优势的新增长点，积极发展低碳技术、低碳产业和低碳经济。通过推动低碳发展，降低碳排放，减少极端天气，维护生态平衡。港口作为水运业的重要承载体，在水运业的低碳发展进程中，也应进行系统性谋划。

港口低碳发展可以理解为将低碳理念贯穿在港口的规划、设计、施工建造以及运营过程中，通过采取各种措施，在获得同样经济收益的情况下减少碳能源消耗和碳排放，在获得排放的前提下实现可持续发展。国外提出发展绿色低碳港口战略相对较早，且主要集中在调整集疏运结构、港内设施能源改革等方面。例如，美国的长滩港通过推行"清洁空气行动计划"和"清洁卡车计划"减少了碳排放量；荷兰的鹿特丹港港务局与荷兰能源管理公司合资开发的 Porthos 项目计划每年捕获 250 万吨在港口运输的二氧化碳,将其存储在北海下方的空气田中。由于我国工业化进程与发达国家存在差异,对于达成碳减排目标面临的压力更大。目前,我国也在积极探索促进港口低碳发展的相关策略,包括采用低碳的集疏运方式、进行清洁能源开发、推动港口机械低碳化等。在"碳达峰、碳中和"的时代背景下,实现绿色低碳发展是港口高质量发展的必由之路。

(二)港口绿色低碳发展的概念界定

1. 绿色港口的概念

绿色港口是一个发展中的概念,它以绿色观念为指导,致力于建设环境健康、生态保护、资源合理利用、低能耗、低污染的新型港口。在港口的规划、设计、施工建造以及运营过程中,绿色港口采取各种有利于污染物减少的措施,以实现在同样产出的情况下减小对生态及环境的影响。具体来说,绿色港口旨在将港口资源科学布局、合理利用,把港口发展和资源利用、环境保护有机结合起来,走能源消耗少、环境污染小、增长方式优、规模效应强的可持续发展之路,做到港口发展与环境保护和谐统一、协调发展,达到相应的绿色等级标准。

2. 低碳港口的内涵

低碳港口则是在绿色港口概念的基础上,进一步强调减少碳能源消耗和碳排放。低碳港口在港口的规划、设计、施工建造以及运营过程中,通过采取各种有利于减少碳能源消耗、减少碳排放的措施,追求在实现同样产出的情况下减少碳能源消耗和碳排放。低碳港口的建设是实现港口低碳化、可持续发展的重要途径。

3. 绿色低碳港口的综合界定

绿色低碳概念应用在港口建设与发展中是指环保、生态、低能耗、低排放的发展模式，即将能源的消耗、污染物的排放、对生态环境的破坏尽可能降到最低程度，从而获得最大的社会经济生态效益的发展模式。结合绿色低碳的含义，绿色低碳港口的概念可以理解为绿色港口和低碳港口概念的有机结合。它不仅关注减少各种污染物的排放，还特别强调减少能源消耗和碳排放。要以绿色低碳理念为指导建设具有环境保护优先、生态环境良好、资源利用科学合理、能耗低、污染少等特点的新型现代化港口。将港口资源科学合理布局与利用，把港口建设与发展和资源开发利用、环境保护、生态文明建设有机结合起来，在保证港口发展速度的同时注重发展的整体质量和综合效益，走能源消耗少、碳排放少、生态环境污染小、发展方式优的可持续协调发展之路。

4. 绿色低碳港口的特征

绿色低碳港口概念包括港口从施工建设到运营的全过程，具有一些明显的特征。

（1）以资源可持续利用为前提

港口的开发建设要占用岸线、土地资源，港口在生产作业中要消耗水资源、石油资源。绿色港口要求体现出自然资源的价值，对于可再生资源，主要是将使用量控制在一定范围内，使资源的再生速度与使用速度之间能够保持平衡；对不可再生资源，要有计划地根据发展的需要进行利用，要制定科学、合理的规划，避免过度开发。

（2）以生态环境保护为限制条件

绿色从广义来理解就是保护和改善生态环境；低碳是指通过低碳能源、产业、技术和制度体系等相互协作，尽可能地减少石油、煤炭等高碳能源消耗，从而降低碳排放量。在港口建设和生产运营中，除了追求经济利益，还应当以保护生态环境为限制条件，避免不合理的开发对环境造成的破坏，通过投入人力、物力、财力，减少和消除港口开发对港区生态环境造成的破坏和不良影响，避免人类活动对于环境的过度索取，保护好对于人类发展有价值和长远意义的自然环境。港口"绿色"化建设与管理的实质是在追求港口经济利益的同时，实现对资源和能源的合理利用、对生态环境的保护，获得良好的社会效益，使经济、社会、资源和环境协调、可持续发展。

（3）以促进社会文明发展为目的

港口通过发挥水运优势满足地区发展的运输需求，可以改变区域交通系统，提升港区城市及其腹地的经济水平，从而提高人民物质和精神生活水平。随着经济的发展和人民生活水平的不断提高，人的意识、观念、科教和文化等水平也会相应得到提高，进而实现社会整体文明的进步。

（4）本质是实现经济、社会、资源和环境的协调发展

港口开发与建设的基本目标是获得经济利益。港口的绿色化建设与管理，其实质是在追求港口经济利益的同时，实现对资源和能源的合理利用、对生态环境的保护，从而获得良好的社会效益，使经济、社会、资源和环境实现协调、可持续发展。

第二章

我国港口绿色低碳发展的形势

　　在新时代背景下，我国已成为国际公认的港口大国，港口发展规模和集装箱吞吐量都得到了国际认可。我国港口绿色发展虽起步比较晚，与世界港口相比仍存在差距，但发展较为迅速。我国港口在节能降碳、污染防治、生态保护等方面均开展了大量的工作，通过一定的技术手段和环境管理政策，推动了我国绿色港口建设并取得了较好的成效。

一、绿色港口顶层设计不断优化

（一）与港口绿色发展有关的政策文件相继出台

港口作为交通运输领域不可或缺的组成部分，其绿色转型对促进中国经济的健康发展具有积极作用。与港口绿色发展有关的政策文件相继出台。从中央层面来看，2019 年中共中央、国务院印发《交通强国建设纲要》；2021 年中共中央、国务院印发《国家综合立体交通网规划纲要》；2021 年国务院印发《"十四五"现代综合交通运输体系发展规划》等。这些纲领性文件的出台，彰显了中国实现港口绿色高质量可持续发展的决心。从部门层面来看，《交通运输部关于全面深入推进绿色交通发展的意见》《交通运输部关于全面加强生态环境保护坚决打好污染防治攻坚战的实施意见》，交通运输部发布的《深入推进绿色港口建设行动方案（2018—2022 年）》《关于建设世界一流港口的指导意见》《港口和船舶岸电管理办法》《绿色交通"十四五"发展规划》等政策文件出台，为打造世界一流的绿色港口指明了发展方向。针对港口群，相关文件有《交通运输部办公厅关于加快长江干线推进靠港船舶使用岸电和推广液化天然气船舶应用的指导意见》《交通运输部关于印发船舶大气污染物排放控制区实施方案的通知》等。

《交通运输部关于推进长江航运高质量发展的意见》《长江经济带船舶和港口污染突出问题整治方案》《交通运输部办公厅　广东省人民政府办公厅　广西壮族自治区人民政府办公厅　贵州省人民政府办公厅　云南省人民政府办公厅关于珠江水运助力粤港澳大湾区建设的实施意见》《关于建立健全长江经济带船舶和港口污染防治长效机制的意见》

等区域性绿色港口建设指导意见推动了各流域绿色港口的建设和发展，为我国碳达峰、碳中和目标的实现作出重要贡献。港口污染防治突出问题得到有效整改，巩固了水运行业专项整治成果，提升了港口运行和管理水平等。2024 年，交通运输部发布《关于新时代加强沿海和内河港口航道规划建设的意见》，旨在推动实施全国港口航道布局规划，优化提升全国水运设施网络，推动水运行业实现高质量发展。其中，明确提出了要集约高效利用港口岸线，推进港口功能优化提升，加快发展多式联运，促进智慧绿色平安发展等措施，包括鼓励光伏、风能、岸电等相关设施建设使用，推进新能源和清洁能源的应用等。在一系列政策的推动下，一批资源利用集约高效、生态环境清洁友好、运输组织科学合理的港口（港口群）逐渐在我国建成。

（二）船舶排放控制政策顺利实施

2015 年 12 月，交通运输部发布《珠三角、长三角、环渤海（京津冀）水域船舶排放控制区实施方案》（以下简称 2015 年版方案），提出在珠三角、长三角、环渤海（京津冀）水域设立船舶排放控制区。自2016 年 1 月 1 日起，通过核心港口先行先试、排放控制区范围内逐步覆盖的方式，逐步推行船舶使用硫含量不大于 0.5%m/m 燃油的规定，以控制我国船舶硫氧化物、氮氧化物和颗粒物的排放量，改善我国沿海和沿河区域特别是港口城市的环境空气质量，为全面控制船舶大气污染奠定基础。

2018 年 8 月，上海组合港管理委员会印发《长三角水域核心港口船舶减排工作过渡方案》，提前实施船舶进入核心港区换用低硫油政策。2018 年 12 月，交通运输部发布《船舶大气污染物排放控制区实施方案》（以下简称《实施方案》），对 2015 年版方案的排放控制区地理范围、污染

物控制范围、排放控制标准、实施时间、要求等方面进行了调整。2018 年
12 月，中国船级社（CCS）发布技术通告，对《实施方案》进行了详细解
读，以帮助相关方了解要求并做好准备工作，并重点介绍了 0.50%m/m 和
0.10%m/m 含硫量燃油的相关研究和使用经验。截至 2018 年底，排放控制
区内船舶硫氧化物排放量较 2015 年减少了 16 万吨，颗粒物减少了 1.7 万吨。

1. 低硫油与替代燃料的使用

自《船舶大气污染物排放控制区实施方案》《2020 年全球船用燃油
限硫令实施方案》等方案颁布实施以来，我国对船用、船载燃油质量以
及船舶污染物排放控制的要求逐年收紧。目前，各省市主要通过加强监
督检查、引导船舶使用清洁能源等措施推进船舶大气污染防治工作，对
船舶燃料油产品质量进行监督，并对船舶在用燃料油和船舶尾气进行检
测。珠三角、长三角、环渤海中心城市均已开展船舶燃料油产品质量监
督检查工作，主要港口已具备船舶在用燃油硫含量快速检测能力，天
津、河北、江苏、广东、深圳、大连、湖北、上海等省市运用船舶尾气
遥测系统实现对在航船舶尾气的实时监测，船舶替代燃料也逐渐从构想
走向应用。目前我国已应用的船舶替代燃料有氨、甲醇、天然气、电力
等，交付运营船舶涉及散货船、集装箱船、油船等多种船型，从源头上
解决了传统船舶高硫高氮排放的问题（见表 2-1）。

表 2-1　我国设计或建造的替代燃料船舶主要船型

替代燃料	主要船型
氨	散货船、超大型集装箱船（23000 TEU）、大型气体船、液化气体船、风力助航集装箱船、特大型油轮
甲醇	集装箱船、油船
天然气	集装箱船、干货船、油船、液化气体船
电力	集装箱船、游轮、散货船、集散两用船

资料来源：作者根据相关资料整理，下文图、表如无特殊说明均同此来源。

以深圳市为例，深圳积极制定低硫油有关政策，号召挂靠深圳港的船公司和深圳市港口企业自愿加入《深圳港绿色公约》，并承诺船舶在靠泊期间转用低硫油。截至 2021 年底，已有超过 57000 艘次船舶在停靠深圳港期间使用低硫油，31374 艘次船舶在停泊于排放控制区期间使用硫含量小于等于 0.5%m/m 的低硫燃油，其中 2723 艘次船舶使用硫含量小于等于 0.1%m/m 的低硫燃油，减排各类污染物超 4 万吨。

2. 加强末端治理

截至 2021 年底，全球船队中仅有 4.2% 的船舶可使用替代燃料，燃油动力船在船队中仍占有很大比重。相较于替代燃料船改造，船舶安装脱硫装置这一做法更加经济可行。国际海事组织（IMO）规定自 2020 年 3 月 1 日起，禁止未安装脱硫装置的船舶载运硫含量高于 0.5%m/m 的燃料油，这是对船舶装载高硫油的禁令，也是督促运营者加装船舶脱硫装置的信号。船舶脱硫装置主要为脱硫塔，分为开式、闭式和混合式三种，可以满足船舶在不同排放控制区域的航行要求（见表 2–2）。截至 2021 年 11 月初，全球安装脱硫装置的船舶数量已经达到 4347 艘（不包括待改装船舶），以总吨计约占全球运力的 23.9%，船舶安装脱硫装置项目仍在进行中。珠三角、长三角、环渤海地区的多个城市出台相应鼓励政策，江苏、浙江、重庆等城市陆续开展船舶脱硫技术优化研究。

表 2–2　脱硫塔的种类及优缺点

种类	适用水域	优缺点
开式	排放控制区（ECA）以外海域、其他区域的离岸 200 海里外及公海海域	优点：成本低、结构简单； 缺点：耗能大，多国家和港口限制使用
闭式	排放控制区（ECA）以内海域或者全海域	优点：不受海水碱度的影响且不污染海洋； 缺点：安装和营运成本高
混合式	全海域	优点：可灵活切换，优势互补； 缺点：成本高、系统复杂

（三）绿色交通标准逐步完善

2016年，交通运输部发布了《绿色交通标准体系（2016年）》，系统推进了80项绿色交通标准的制定和修订工作。2022年，交通运输部组织相关单位，在深入分析国内外绿色标准发展趋势，对照国家"碳达峰碳中和"、深入打好污染防治攻坚战等工作要求以及交通运输部"十四五"规划体系中涉及绿色交通建设重点任务的基础上，经过多方调研论证，研究编制了《绿色交通标准体系（2022年）》，该标准体系包括5个部分，即100基础通用标准、200节能降碳标准、300污染防治标准、400生态环境保护修复标准、500资源节约集约利用标准。

《绿色交通标准体系（2022年）》共收录242项绿色交通国家标准和行业标准，包括基础通用标准11项、节能降碳标准101项、污染防治标准78项、生态环境保护修复标准35项、资源节约集约利用标准17项；列出了与交通运输行业节能降碳、污染物排放和生态环境保护密切相关的国家标准、生态环境行业标准43项，以促进绿色标准的协同实施。绿色交通标准供给显著增强，为港口实现绿色发展提供了有力支撑。

（四）绿色港口等级评价体系不断完善

2013年，交通运输部发布了《绿色港口等级评价标准》，引导港口走资源节约型、环境友好型的发展道路。党的十八大以来，生态文明建设的新理念、新思想、新战略对交通运输行业的绿色发展提出了新要求。交通运输部发布《绿色港口等级评价指南》（以下简称新《指南》），代替了《绿色港口等级评价标准》，其评价指标体系如表2-3所示。新《指南》目前仅适用于对专业化集装箱码头、干散货码头、液体散货码头和邮轮码头开展绿色发展水平评价。上述码头通常采用专业化作业工艺与设备，货种相对单一，有利于实施节能减排与污染防治措施，具有较好的研究和实践基础，有条件总结形成绿色发展标准，而通用码头、件杂货码头由于货种和工艺存在不确定性，生产设备设施要求不同，能耗变化大，难以用统一的尺度衡量，当前还不具备形成标准的条件。

表 2-3　绿色港口等级评价指标体系

项目及其分值占比	内容及其分值（分）	指标及其分值（分）
理念（10%）	战略（55）	战略规划（20）
		专项资金（20）
		工作计划（15）
	文化（45）	企业文化（25）
		教育培训（10）
		宣传活动（10）
行动（40%）	环境保护（50）	污染防治（40）
		资源利用与生态保护（10）
	节能低碳（50）	主要设备（20）
		作业工艺（10）
		能源消费（10）
		辅助设施（10）
管理（15%）	体系（35）	管理机构（10）
		审计认证（25）
	制度（65）	目标考核（15）
		统计监测（45）
		激励约束（5）
效果（35%）	水平（100）	环保生态（60）
		节约低碳（40）

　　新《指南》评价适用的码头类型中增加了邮轮码头，补充完善了不同等级绿色港口应满足的必要条件，如原油、成品油等装船作业码头油气回收设施配备和使用要求以及岸电建设和使用要求、船舶污染物接收能力和服务要求，强调了污染防治设施"建起来"的同时更要"用起来"。

二、运输结构持续调整改善

为深入贯彻落实党中央、国务院决策部署，大力发展多式联运，推动各种交通运输方式深度融合，进一步优化调整运输结构，提升综合运输效率，降低社会物流成本，促进节能减排降碳，2021年，国务院办公厅印发了《推进多式联运发展优化调整运输结构工作方案（2021—2025年）》（以下简称《方案》）。《方案》提出到2025年，多式联运发展水平明显提升，基本形成大宗货物及集装箱中长距离运输以铁路和水路为主的发展格局，全国铁路和水路货运量比2020年分别增长10%和12%左右，集装箱铁水联运量年均增长15%以上；重点区域运输结构显著优化，京津冀及周边地区、长三角地区、粤港澳大湾区等沿海主要港口利用疏港铁路、水路、封闭式皮带廊道、新能源汽车运输大宗货物的比例力争达到80%。

（一）总体情况

港口"公转铁""公转水"，是我国近年来运输结构调整的一个缩影。2018年，我国启动了《推进运输结构调整三年行动计划（2018—2020年）》，深入实施铁路运能提升、水运系统升级等六大行动，以推进大宗货物运输"公转铁""公转水"为主攻方向，不断完善综合运输网络，减少公路运输量，增加铁路运输量。

一是大力推动运输结构调整。深入推进大宗货物及中长距离货物运输"公转铁""公转水"，加快疏港铁路和铁路专用线建设；大力推动集装箱铁水联运发展，开展港口集装箱铁水联运调研，推动进港铁路支线建设和"散改集"。2021 年，全国铁路货运量较 2017 年增长 7.8 亿吨，水路货运量较 2017 年增长 9.4 亿吨，沿海港口大宗货物公路运输量较 2017 年减少 3.7 亿吨。

二是积极推进多式联运发展。交通运输部组织开展第二批多式联运示范工程验收和第四批多式联运示范工程申报工作，加快研究推进多式联运"一单制"，积极推动运输结构调整和多式联运高质量发展；研究制定《多式联运示范工程管理办法（暂行）》，强化多式联运示范工程规范化、制度化管理。2021 年，全国港口集装箱铁水联运量达到 751 万标箱，同比增长 29.6%。

（二）不同区域运输结构的调整情况

在推动全国运输结构优化的进程中，各省市根据自身地理优势、产业布局及环保需求，采取了不同的策略与措施。本部分研究选取浙江省、湖北省、广东省、山东省及天津市等港口发展的重要省市，分析了运输结构的调整情况。

浙江省作为沿海经济大省，充分利用其丰富的港口资源和密集的工矿企业集群，特别是针对年货运量超 150 万吨的重点企业与园区，以及货物流量大且种类单一的县（市、区），精准施策。发展铁路专用线和内河航运，不仅缓解了公路运输压力，还显著降低了物流成本与碳排放。聚焦于煤炭、水泥及熟料、集装箱、粮食、危化品等五大关键货种，通过大力发展多式联运，特别是"宁波舟山港—浙赣湘（渝川）"海铁公联运示范工程，有效促进了区域物流效率与绿色转型。此举旨在构建高效、绿色、低碳的现代综合交通运输体系，助力浙江乃至长三角地区实现可持续发展。

湖北省作为"九省通衢"之地，在运输结构调整中，侧重于铁路专用线和水运基础设施的全面建设，旨在打通物流瓶颈，提升货物周转效率。实施铁路运能提升、水运升级、道路货运提质、多式联运提速、城市绿色配送、信息资源整合六大工程，通过加快多式联运枢纽站场和集疏运体系的建设，实现了不同运输方式的无缝衔接，促进了物流资源的优化配置。这一策略不仅提升了湖北省自身的物流竞争力，也为中西部地区的货物进出口提供了更加便捷、高效的通道。

广东省作为改革开放的前沿阵地，在运输结构调整中，注重发挥铁路和水路在大宗货物及集装箱中长距离运输中的主体作用。广东省通过提升铁路货运量、水路货运量及集装箱铁水联运量，有效降低了物流成本，提高了运输效率。特别是在珠三角地区，沿海主要港口利用疏港铁路、水路、封闭式皮带廊道及新能源汽车等低碳运输方式，显著提升了大宗货物的绿色运输比例，为区域经济的可持续发展注入了强劲动力。

山东省依托其强大的海铁联运网络、内陆港布局及输油管道系统，在"公转铁""公转水""散改集""油改管"方面取得了显著成效。通过减少公路运输比例，增加铁路和水路运输量，不仅降低了物流成本，还大幅减少了交通排放，对改善区域空气质量起到了积极作用。同时，这一调整也促进了物流行业的转型升级，提升了整体运输效率和服务水平。

天津市是北方重要港口城市，天津港在煤炭运输方面率先实现了铁路集疏运的全覆盖，并成功完成了"天津港不再使用柴油车辆转运煤炭"的环保目标。这不仅体现了天津市在治理大气污染方面的决心与成效，也为全国其他港口城市树立了典范。通过优化运输结构，天津港进一步巩固了其北方重要物流枢纽的地位，促进了区域经济的绿色发展。

三、水运清洁低碳发展取得阶段性成果

2017 年 7 月 24 日，交通运输部印发《港口岸电布局方案》，提出了 2020 年全国主要港口和船舶排放控制区内港口应具备的岸电泊位布局数量，并提出相关的保障措施，包括科学组织实施、加大政策扶持、建立供售电机制和完善法规标准四个方面。2021 年，国务院印发《2030 年前碳达峰行动方案》，提出将"交通运输绿色低碳行动"列入"碳达峰十大行动"。水运行业是我国综合交通运输系统的重要组成部分，也是实施碳减排的重点领域。港口运输作为能源密集型行业，其运营过程中会消耗大量化石能源，并排放大量二氧化碳，是交通行业碳排放的重要来源之一。

港口碳排放主要受能源结构、生产装备和技术应用、港口操作技术等影响。通过推动港口能源利用结构优化升级，提高清洁能源和可再生能源使用比例，大力支持轮胎式集装箱门式起重机等大型港口机械和车辆等采用"油改电"和"油改气"技术，可以减少废气污染物和二氧化碳的直接排放量，同时结合各港口自身条件提高太阳能、风能、海洋能和地热能等可再生能源的利用率。

（一）岸电建设与使用

1. 岸电建设情况

截至 2020 年底，全国已建成港口岸电设施 5400 多套，覆盖泊位 7500 多个（含水上服务区）。截至 2019 年底，集装箱、客滚、邮轮、大型客运和干散货专业化泊位的岸电设施覆盖泊位共 787 个（其中沿海港口泊位 525 个），与 2018 年底（616 个）相比增加 171 个（其中沿海泊位增加 124 个，内河泊位增加 47 个）。

截至 2021 年第一季度末，江苏省已建成岸电设施 2276 套，覆盖泊位 2654 个，全省岸电设施泊位覆盖率达到 51.1%。全省共 13 个内河港口①，12 个内河港口的岸电设施泊位覆盖率平均达到 47.5%，7 个港口的岸电设施泊位覆盖率超出全省平均水平。全省 8 个沿江港口岸电设施泊位覆盖率平均为 69.2%，3 个沿海港口岸电设施泊位覆盖率平均为 36.8%。浙江省沿海港口岸电设施主要集中在宁波舟山港的宁波港域，港口岸电建设已覆盖重点码头专业化泊位 101 个，初步具备向远洋、近海船舶提供岸电的能力。在内河港口方面，岸电设施主要分布在湖州、嘉兴和杭州富春江、千岛湖等地，低压岸电建设力度大，基本实现京杭运河浙江段公共泊位岸电设施全覆盖。

天津港已于 2021 年实现 33 个专业化泊位的岸电覆盖，自有港船舶岸电使用率达 100%。截至 2020 年末，广州港现有港作船舶专用码头及驳船装卸作业码头已经全部配套了岸电设施，186 个泊位已具备提供岸电能力；珠海港各码头已配备 35 个岸电桩，覆盖 27 个泊位，2020 年码头岸电使用量为 41683.3 千瓦时。

2. 岸电使用情况

总体来看，2019 年，广东、辽宁、重庆港口使用岸电电量最多，江苏、浙江、江西港口使用岸电时间最长，江苏、浙江、重庆港口使用次数最多。经过对 29 个沿海港口和 19 个内河港口共 1088 个泊位的有效岸电使用数据分析可以发现，2019 年我国港口共使用岸电约 6 万次，总接电时间约 74 万小时，总用电量约 4500 万千瓦时，合计减少氮氧化物、硫氧化物和颗粒物排放 710 多吨。表 2-4 所示为部分港口 2019 年上半年较 2018 年同期岸电使用情况。

---

① 无锡内河港因信息化改造未上报数据。

表 2–4　部分港口 2019 年上半年较 2018 年同期岸电使用情况

到港船舶中具备受电设施船舶艘次	增加	秦皇岛港、日照港、连云港港、浙江海港、厦门港、招商深圳西部港区、重庆港、武汉港
	减少	太仓港（上港正和）、镇江港、厦门港、广州港
实际接电船舶艘次	增加	营口港、青岛港、连云港港、浙江海港、上海港、厦门港、招商顺德新港、招商深圳西部港区、广西北部湾港、太仓港（上港正和）、南京港、重庆港、武汉港、安徽港航
	减少	秦皇岛港、唐山港、天津港、广州港、镇江港
用电时长	增加	营口港、天津港、青岛港、连云港港、上海港、浙江海港、厦门港、广州港、招商深圳西部港区、广西北部湾港、苏州港、南京港、重庆港、武汉港
	减少	秦皇岛港、唐山港、招商顺德新港、重庆港
总用电量	增加	营口港、天津港、青岛港、上海港、浙江海港、厦门港、广西北部湾港、苏州港、南京港、武汉港
	减少	秦皇岛港、唐山港、连云港港、广州港、重庆港、安徽港航

（1）沿海港口岸电使用情况

2019 年，沿海港口 386 个泊位共使用岸电约 2.8 万次，接电时间共计约 31 万小时，总用电量约为 3300 万千瓦时，平均单次用电 1200 千瓦时，平均每小时用电 100 千瓦时。沿海港口各类型泊位岸电使用电量如图 2–1 所示。从不同类型泊位使用岸电量情况看，集装箱泊位用电量最多，约 1700 万千瓦时，约占总使用电量的 52%；其次为干散货和客滚泊位。从岸电使用时间看，客滚泊位使用岸电接电时间最长，共 16 万小时，约占总时长的 52%；通用散货和件杂货泊位约占 13%；干散货泊位约占 10%。

（2）内河港口岸电使用情况

2019 年，内河港口 702 个泊位共使用岸电约 3.2 万次，接电时间约 42 万小时，总用电量 1200 多万千瓦时，平均单次用电 380 千瓦时，平均每小时用电 29 千瓦时。内河港口各类型泊位岸电使用电量如图 2-2 所示。从不同类型泊位使用电量看，客运泊位用电量最多，约644 万千瓦时，约占内河岸电用电量的 52%；其次为通用散货和件杂货泊位，约占 32%。

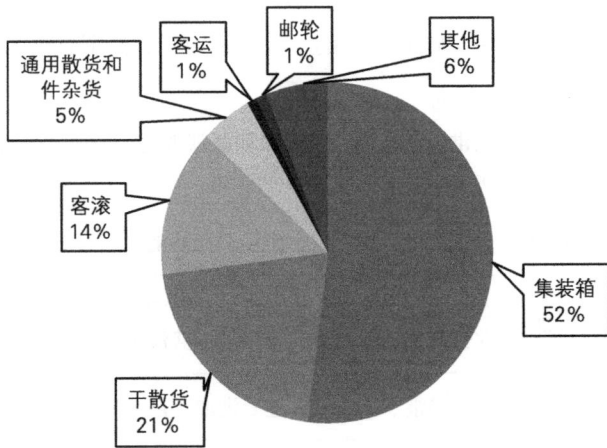

图 2-1　沿海港口各类型泊位岸电使用电量

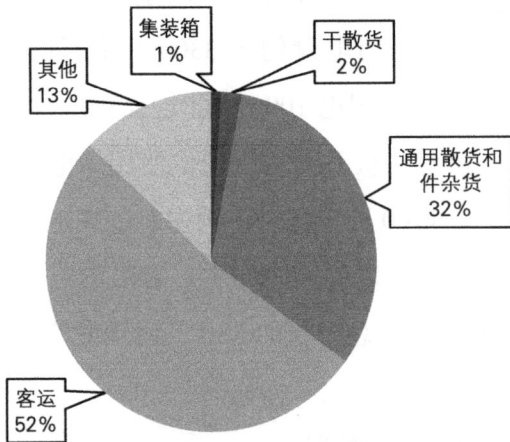

图 2-2　内河港口各泊位类型岸电使用电量

从不同类型泊位使用时间看，通用散货和件杂货泊位使用岸电接电时间最长，约 19 万小时，约占内河港口岸电使用总时长的 44%；干散货泊位使用时长约占 17%。用电量最多的十个内河港口依次为重庆港、宜昌港、泰州港、南通港、南京港、苏州港、嘉兴港、徐州港、九江港和哈尔滨港。重庆港用电量最大，约为 500 万千瓦时，占内河港口总用电量的 41%，其次为宜昌港和泰州港，两者的年用电量约为 420 万千瓦时和 120 万千瓦时。

（二）港作机械电气化

根据《中国移动源环境管理年报（2021）》的数据，2020 年工程机械碳氢化合物、氮氧化物、颗粒物排放量分别占非道路移动源排放量的 28.2%、31.3% 和 32.5%，港口作业机械大气污染物排放量仍有下降空间。港作机械大气污染物排放控制方式以提高港作机械设备新能源和清洁能源替代比例为主，同时鼓励建设 LNG 加气站、推进风电光伏发电等能源项目落地、支持机械设备"油改电""油改气"、通用散货码头水平运输流程化改造、燃煤锅炉退出、LNG 动力集装箱卡车（简称集卡）和氢能应用等。

港口采用多种不同类型的物流设备为停泊的船舶提供服务，主要包括岸桥、场桥、皮带输送机和转运车辆等，能源来源主要为柴油。为提高效率、减少能源消耗，近年来自动化程度较高的港口设备逐步推广应用，如自动化的轮胎式集装箱龙门起重机（RTG）、轨道式集装箱龙门起重机（RMG）等。电力可为港口所有的主要设备提供动力，而且节能、易于控制、便于实现自动化，这使大型港口的物流设备电气化成为不可逆转的趋势，"宜电则电"的能源使用形式得到广泛应用。江苏、广东、湖北、河北等省份的主要港口均已开展集装箱橡胶轮胎门式起重机（RTG）的"油改电"、场内集装箱牵引车"油改气"工作。

部分典型港口的港口作业机械电气化改造情况如下。截至 2018 年底，宁波舟山港有港作机械和车辆 6000 多台，其中电力驱动的港作机械有 1000 多台。宁波舟山港是我国最早实现全面投用龙门吊"油改电"的港口，以电力驱动的 E-RTG 取代以柴油为动力的 RTG。截至 2018 年，大连港港区所有场桥完成了"油改电"的升级改造，实现了场桥的全锂电池改造，不再使用场桥柴油机；2021 年，大连港集装箱码头除了采购纯电空箱堆高机外，还将 5 台柴油场桥改造为混合动力场桥，每台可降低 60% 的油耗。截至 2021 年，深圳港集装箱码头装卸桥和堆场龙门吊全部完成"油改电"改造。

（三）清洁能源推广应用

港口提高清洁能源的使用比例可有效减少碳排放，尽早实现"双碳"目标，现阶段港口的能源消费结构中化石能源占比达 50%。近年来，部分港口码头通过实施清洁能源改造，推广液化天然气、氢能等清洁能源以及光伏等新能源的应用，从而优化港口能源结构。液化天然气与传统化石能源相比虽然更加清洁，但从长远来看并不是实现"双碳"目标最好的方案，因为其无法达到零排放标准。氢能储能是一种能量密度高、储存期长的高效储能方式，对可再生能源的利用更充分。港口内可应用氢能源的场景较多，如通勤车辆、运输车辆、装卸机械等。氢能作为无污染物排放和无温室气体排放的清洁能源，已成为港口装卸生产设备用能的重点推动方向。

2020 年，宁波舟山港投入运行 LNG 集卡 650 多辆，建成投用 LNG 加气站 8 座。截至 2021 年 9 月，宁波舟山港梅山港区共有集装箱作业车辆 290 辆，其中电动和 LNG 能源车辆为 190 辆，占比超过 65%。宁波舟山港使用空气能热泵机组、太阳能热水器以及风光互补路灯等技术设备，减少化石燃料的使用，清洁能源的照明供给率以及热水供给率均达到了 100%。

江苏省在全国率先开展内河船舶应用 LNG 清洁能源的研究和推广工作，完成 24 艘 LNG 动力船舶建造和 68 艘大吨位船舶 LNG 动力更新改造，总数占全国 LNG 运营船舶总数的 1/3。山东港口率先引进氢燃料电池集卡以及全球首台氢燃料电池自动化轨道吊；"十三五"期间新增太阳能电池板 7500 平方米，2020 年山东港口清洁能源占比达到 45%。青岛港以电力为中心，构建清洁用能保障系统。大港港区、前湾港区、董家口港区建造 4 座 LNG 加气站，保证港区 LNG 供应充足；港区停车场等区域分散建造充电桩，满足港区电动机械、轿车充电需求；港区照明路灯试点使用风光互补技术，全力推进新能源应用；港区参与研制的氢能集卡投入实景运营，2020 年引入 3 辆氢能集卡试点使用，完成 6 台氢能轨迹吊改造。

四、港口船舶污染得到有效防治

（一）港口大气污染防治

港口大气污染程度主要与码头性质及装卸货种有关。干散货码头和油化品码头一直以来是港口大气污染防治的重点。干散货运输是全球贸易的重要组成部分，2021年我国沿海省际运输干散货船（万吨以上，不含重大件船、多用途船等普通货船）共计2235艘，较2020年增加了262艘，同比增长13.28%。干散货码头货物运输、装卸、堆存过程中会产生无组织粉尘污染，对周边空气质量影响较大。江苏、秦皇岛、青岛等省市干散货码头粉尘防治措施从传统港区防风抑尘、绿化覆盖延伸至装卸、运输、堆存全封闭环保作业，粉尘在线监测集中监管，粉尘综合防治体系逐步完善。然而，现阶段干散货码头粉尘防治仍存在发展水平参差不齐、措施亟待落实到位、实时监测能力有待提升等问题。

根据《2021年交通运输行业发展统计公报》，我国港口拥有万吨级及以上原油泊位93座、成品油泊位146座。2021年我国原油进口量为5.1亿吨，按照我国港口外贸原油进口量年均增长约10%和船舶二程中转外贸原油量约30%估算，2021年我国原油装船油气排放量约为153000吨。长三角、珠三角、环渤海沿海地区已布局建设三大炼化工业区，并配套建设油品码头、原油储备基地和成品油库区等项目。随着我国沿海港口油品吞吐量持续增长，油品储运主要港口挥发性有机物（VOCs）防治面临较大压力。长三角、珠三角、环渤海沿海地区省市纷纷出台节能减排实施方案，对VOCs排放和油船、油码头及储罐废气排放收集治理提出要求。另外，国内现有80多套码头装船VOCs处理装置，分布于上海、浙江、湖北、江西等省市，一套装置可对应多个泊位，其装船 VOCs 废气处理技术已从早期的回收法（吸收、吸附、冷凝等）发展为"回收法＋热氧化法"（催化氧化、蓄热燃烧、焚烧等），处理能力有所提升。

（二）港口水污染防治

根据《2023 年中国海洋生态环境状况公报》，2022 年我国劣四类水质海域主要分布在辽东湾、长江口、杭州湾、珠江口等近岸海域，主要超标物为无机氮和活性磷酸盐。船舶贸易往来以及港口作业频繁是造成海水水质恶劣的原因之一。现阶段，部分投产较早的码头存在水污染防治设施不够完善的情况。江苏、湖北、四川、山东等省份的主要港口积极开展码头排水系统和污水处理系统改造，提高污水纳管率或自处理率，推进生产生活污水、雨污水循环利用。

（三）船舶污染物接收、转运、处置

根据《防治船舶污染海洋环境管理条例》《中华人民共和国防治船舶污染内河水域环境管理规定》等法律法规要求，在我国海域、内河水域航行、停泊和作业的船舶，不得违反法律、行政法规、规范、标准和交通运输部的规定向内河水域排放污染物，不符合排放规定的船舶污染物应当交由港口、码头、装卸站或者有资质的单位接收处理。为提升船舶污水收集处理能力，减轻船舶偷排污水对海洋及内河水域造成的影响，确保船舶污水实现上岸处理，江苏、浙江、湖南、江西、安徽、贵州、广州等省份积极开展船舶污水设施升级改造工作。各地港口按照环境影响评估相关要求建设船舶污染物接收设施，或委托第三方单位处理到港船舶垃圾、生活污水、洗舱水、油污水等污染物，并推行船舶污染物转移全过程电子联单管理，由海事部门负责监管。

2020 年以来，长江经济带沿江省市已完成 2.2 万艘船舶生活污水收集处理装置建设改造，江西、湖南两省已提前完成改造任务；已新建船舶污染物接收设施 1.2 万个。长江经济带 11 个省市港口已实现船舶垃圾接收设施全覆盖，上海、江苏、浙江、江西、湖北、湖南、四川、云南等 8 省市实现船舶生活污水和含油污水港口接收设施全覆盖。

（四）应急能力建设

近年来，我国海上应急能力不断提升，应急体系机制、应急设施、队伍建设、科技支撑等方面不断完善。通过深化跨省、跨水域应急联动合作，优化国家、地方应急设备库功能，组建高质量应急指挥、专家及救援队伍，扶持企业等社会团体应急力量，引入智能化监视监测、风险识别系统，区域应急协作能力大幅提升。

2019 年，浙江省、江苏省、安徽省、上海市应急管理部门召开长三角一体化应急管理协同发展会议，签署《长三角一体化应急管理协同发展备忘录》，共同建设长三角应急管理联盟，按照"信息共享、资源共用、优势互补、联动共治"的原则，围绕应急管理、安全生产等方面开展 10 项一体化合作，包括应急响应、安全执法监管、应急资源等。为深化渤海海域船舶污染应急联动协作，河北海事局建立"2+2"海上溢油应急协作机制，集结秦皇岛海上溢油应急反应中心、烟台溢油应急技术中心、中海石油（中国）有限公司天津分公司应急指挥中心、中国石油海上应急救援响应中心，为渤海海域应对海上重特大溢油事故提供保障。此外，河北海事局还投资建造了集培训、指挥、清污于一体的专业溢油回收船，购置海事执法船艇、无人智能清污船、溢油监测浮标、水下机器人等海上溢油监控和处置装备，可对离岸较远的海域溢油污染实施机动、实时监控，及时开展应急处置和海事执法行动。

五、资源集约和节约利用力度不断加大

2019 年 9 月，中共中央、国务院印发了《交通强国建设纲要》，明确提出要加强岸线资源节约集约利用，加强老旧设施更新利用，推广施工材料、废旧材料再生和综合利用，提高资源再利用和循环利用水平，推进交通资源循环利用产业发展。资源集约利用能力逐步提升，港口资源集约利用方法途径更加丰富。此外，为进一步贯彻落实习近平生态文明思想以及《中共中央　国务院关于完整准确全面贯彻新发展理念做好碳达峰碳中和工作的意见》《交通强国建设纲要》《国家标准化发展纲要》等文件关于资源集约利用方面的工作部署，《绿色交通标准体系（2022）》明确将"资源节约集约利用标准"纳入绿色交通标准体系结构，该部分包括污水再生利用和废旧物循环利用两个方面。此外，还有水运相关标准《港口码头污水资源化利用技术指南》和废旧物循环利用标准《港口和航道疏浚土生态资源化利用技术指南》。

全国各大港口正在积极践行资源集约利用战略，聚焦于岸线资源集约利用和水资源节约与循环利用两大方面。在岸线资源集约利用方面，各地区从科学规划和建设两个维度，以优化港口岸线资源配置、提升利用效率为导向，持续加大力度整治违规占用岸线行为，并深入开展岸线整治与生态修复等工作，旨在构建绿色、可持续发展的港口岸线生态体系。在水资源节约与循环利用方面，各大港口已普遍采取一系列有效措施，包括采用雨水收集系统和循环水处理系统，以减少对周边水体产生污染的风险；注重水资源的再利用，将处理后达标的生活、生产废水回用于港区绿化、道路洒水抑尘、流动机械冲洗等，实现水资源的最大化利用。这些措施为构建节水型港口、促进港口经济与环境协调发展奠定了坚实基础。

六、生态环境保护与修复取得显著成效

《交通强国建设纲要》明确提出要强化交通生态环境保护修复。严守生态保护红线，严格落实生态保护和水土保持措施，严格实施生态修复、地质环境治理恢复与土地复垦，将生态环保理念贯穿于交通基础设施规划、建设、运营和养护全过程。推进生态选线选址，强化生态环保设计，避让耕地、林地、湿地等具有重要生态功能的国土空间。

2022 年，交通运输部发布《绿色交通标准体系（2022 年）》，明确将生态环境保护修复标准纳入绿色交通标准体系结构，包括环境保护技术、生态环境修复、防止外来生物入侵和环境保护修复统计与评价等四个方面。交通运输部已经实施了一系列环境保护技术标准，具体包括《水运工程环境保护设计规范》《水运工程施工环境监理规范》《港口工程清洁生产设计指南》《内河航道绿色建设技术指南》《内河航道绿色养护技术指南》以及《港口工程绿色设计导则》等。在生态环境保护修复方面，交通运输部已实施《水运工程生态保护修复与景观设计指南》；在防止外来生物入侵方面，已实施《船舶压载水指示性分析取样与检测要求》；同时，还实施了多项环境保护修复统计与评价标准，如《船舶散装运输液体化学品危害性评价规范 水生生物急性毒性试验方法》《交通运输专项规划环境影响评价技术规范 第 2 部分：港口总体规划》以及《交通运输专项规划环境影响评价技术规范 第 3 部分：内河航道建设规划》等。此外，交通运输部拟发布"航运枢纽工程鱼道技术要求水工模型试验标准"以规范和指导交通运输环境保护标准制修订与计划的编制，发布《船舶压载水和沉积物接收处理技术要求》（征求意见稿）以明确我国水域范围内船舶压载水与沉积物接收处理的基本要求。

在推动我国港口行业绿色转型与生态修复的进程中，江苏、湖北、安徽及广东等省份取得了较为显著的成效。

作为长江流域的重要省份，江苏省严格遵循长江岸线"控总量、调存量、优增量、提效率"的原则，核减长江规划港口岸线，将原规划的港口岸线调整为饮用水源岸线、城市生活和旅游景观岸线，南通港狼山港区、江阴韭菜港等"退港还城"。在内河倡导建设深挖式港池，节约集约利用岸线资源。京杭运河绿色现代航运示范区建设初见成效，完成苏州、扬州、淮安四个先导段建设，完成了生态长廊、景观长廊和"会呼吸的护岸"建设。

湖北省通过强力推进港口资源整合，构建起集约高效的发展模式，有效避免了资源浪费与环境污染。从岸线整治看，2015—2023 年，湖北省对小散乱码头进行全面清理，长江、汉江及清江取缔各类码头1859 个，全省港口岸线的使用效率为 52.6 万吨／百米。通过多轮整治行动，全省取缔多处长江干线各类码头泊位，沿江港口码头面貌焕然一新，长江岸线专项整治基本完成。

安徽省持续推进"长江大保护"工作，开展非法码头整治、无证经营码头专项整治等行动，释放沿江岸线，"退港还城还绿"取得成效。

为达到绿色港口的建设目标，广东省在港口的总体布局上，强化生态保护要求；以"蓝色海湾"整治行动、海岸带保护和修复重大工程、红树林保护修复专项行动计划为抓手，实施海岸线整治修复、魅力沙滩工程、海堤生态化、滨海湿地恢复及美丽海湾建设"五大工程"。2019—2023 年，广东省开展海岸线整治修复项目 30 个，累计完成砂质海岸修复约 22 千米，已形成具有自然海岸形态特征和生态功能的岸线约 13.7 千米，预计可完成海堤生态化长度 21.9 千米。此外，广东省结合城市发展规划，规范整治岸线利用率低、耗能高、污染重的码头，促进港口功能调整优化；在已有港口中开展绿色低碳港口试点，鼓励主要港口编制绿色低碳港口建设实施方案。生态护岸、生态修复等工程技术在广东省航道建设中也得到广泛推广和应用。

第三章

我国港口绿色低碳发展的影响因素

在当今全球气候变化与环境保护日益成为国际共识的大背景下，我国港口作为连接世界贸易的重要枢纽，其绿色低碳发展不仅是响应国家生态文明建设战略的重要举措，也是推动全球经济可持续发展、共建绿色"一带一路"的关键一环。本章旨在深入探讨我国港口绿色低碳发展的影响因素，剖析在迈向绿色低碳转型的征程中，港口业所面临的多重挑战与机遇。

一、我国港口绿色低碳发展的外部影响因素分析

港口是国家重要的基础设施，也是综合交通运输体系的重要枢纽。部分发达国家较早地在港口建设发展过程中将环境规划、环境管理以及基础设施建设上升至重要地位，取得了显著的实践成果。我国港口绿色低碳发展仍处在探索阶段，研究影响我国港口绿色低碳发展的宏观因素，有助于港口把握宏观环境背景及其变化趋势。

港口所处的宏观环境和市场是不断变化的，面临的风险也是未知的。PEST 模型是一种经典的宏观环境分析模型，P 代表政治环境（Politics），E 代表经济环境（Economy），S 代表社会环境（Society），T 代表技术环境（Technology）。1976 年，哈佛经济学教授 Francis J. Aguilar 在他的著作 *Scanning the Business Environment* 中首次提出了 PEST 的概念，通过宏观环境分析模型来预测外部环境变化并分析其本质，全面了解水运行业面临的机遇和威胁，为港口制定针对性发展战略奠定了基础。

（一）政治环境

和平稳定的国际政治环境有利于贸易自由化和便利化，从而推动港口的繁荣发展。国际政治格局的变化，如贸易协定的签署、地缘政治的调整等，都会对港口的定位和发展方向产生影响。2013 年，习近平总书记提出共建"丝绸之路经济带"和"21 世纪海上丝绸之路"的倡议 [①]。十余年间，共建"一带一路"倡议的推进，为中国及沿线国家的

---

① 共同把这条造福世界的幸福之路铺得更宽更远——习近平总书记关于共建"一带一路"重要论述综述［N］. 人民日报，2023－10－15（01）.

港口带来了新的发展机遇，一座座港口建设并落成，建设成果丰硕，开创了共话合作的新机遇，对世界格局产生了深远影响。

自 2010 年以来，我国国家及有关部门陆续制定、出台交通运输业节能减排的相关规划、实施方案和指导意见，为港口的绿色低碳发展提供了强大的政策支撑。党的十八大报告提出"着力推进绿色发展、循环发展、低碳发展"。党的十九大报告指出，"加快建立绿色生产和消费的法律制度和政策导向，建立健全绿色低碳循环发展的经济体系"。党的二十大报告强调，"推动经济社会发展绿色化、低碳化是实现高质量发展的关键环节。加快推动产业结构、能源结构、交通运输结构等调整优化"。以习近平同志为核心的党中央坚持生态优先、绿色发展战略，打破了传统工业化过程中环境保护与发展的对立局面，将绿色低碳循环发展作为推动高质量发展的内在要求和自觉行动，水运行业的绿色低碳转型发展取得了历史性进展。与此同时，我国以绿色发展理念为指导，强化航运绿色低碳发展的保障。2010 年起实施的《防治船舶污染海洋环境管理条例》对如何防治船舶及其相关作业活动污染海洋环境作出一般规定。2018 年《中华人民共和国宪法修正案》将生态文明建设与创新、协调、绿色、开放、共享的新发展理念写入序言。2018 年《中华人民共和国大气污染防治法》第六十二条和第六十三条规定了船舶发动机需符合国家排放标准，提出了新建码头对岸基供电设施、港口岸电优先使用的要求。

我国港口绿色低碳相关政策与法律的发展显示了水运行业绿色低碳发展的新态势，对交通运输相关工作作出部署，进一步强调加快建设交通强国，对交通运输提出了一系列绿色低碳发展的新要求，充分体现了交通运输在国家发展中的重要作用，发挥了水运行业顶层设计的指导性作用。

在国家及有关部门的方针指导下，地方政府也对水运行业的绿色低碳发展给予高度关注和积极支持。例如，上海市先后颁布《上海绿色港口三年行动计划（2015—2017年）》《上海港船舶污染防治办法》《上海市节能和应对气候变化"十三五"规划》《上海国际航运中心建设"十四五"规划》《上海市推进多式联运发展优化调整运输结构实施方案》《提升上海航运服务业能级 助力国际航运中心建设行动方案》等文件，旨在将上海建设成为便捷高效、功能完备、开放融合、绿色智慧、保障有力的世界一流国际航运中心；以加快构建绿色、集约、清洁港口为主要任务，不断优化和完善港口集疏运体系，将上海打造成国际性"绿色航运中心"。广东省印发了《广东省人民政府办公厅关于成立广东省推进水运与铁路货运高质量发展总指挥部的通知》《广东省提升内河航运能力和推动内河航运绿色发展总体分工方案》《广东省内河航运能力提升实施方案》《广东省内河航运绿色发展示范工程实施方案》《广东省碳达峰实施方案》等文件，助力内河航运能力和服务品质提升，加快推进内河水运绿色低碳发展，优化内河港口布局与航道网络，凸显了水运行业在综合交通运输中的比较优势，进一步增强了港口服务区域经济及产业发展的保障能力。

我国地域辽阔，不同区域的港口具有的生态条件也不尽相同，同时不同地域政策和经济发展水平也存在差异。在港口绿色低碳发展过程中，尽管国家和地方出台了相关的法规和政策措施予以支持，但不同的港口面临的"瓶颈"各不相同，所应采取的发展措施也无法生搬硬套，仅仅依靠出台的规章制度并不足以使港口得到全面的发展。需要针对不同区域港口的产业、地理特色，结合已有的建设经验，有序、合理地在全国推进绿色低碳港口建设。

（二）经济环境

2018 年以来，世界主要经济体经济增长呈现明显分化态势，贸易摩擦成为世界经济复苏进程中的不确定因素 [①]。2020 年，受贸易保护主义和新冠疫情的冲击，全球经济增长的不确定性和下行压力增大。基于强有力的经济发展措施，2020 年我国国内生产总值首次突破 100 万亿元，实际同比增长 2.3%，成为全球唯一实现经济正增长的主要经济体。受到全球经济一体化的影响，不同经济发展程度的国家由于利益相互关联而变得紧密依存。全球资源的再分配和经济一体化推动重建国际经济新模式，跨国贸易的发展推动形成新的国际经济形势。

我国经济已经逐渐步入高质量发展的新时代，国民经济韧性更强，受冲击恢复速度更快。在新发展阶段，前期我国经济社会发展仍旧面临一定的压力，但从宏观经济长期发展趋势来看，我国的经济发展势头整体稳中向好。

从水运行业的角度来看，由于全球资源分布不均，各国经济发展水平差异较大，国际上存在大量的贸易需求。由于水运具有成本低、运量大和运距长的特性，相比于其他运输方式有着明显优势，目前全球 90% 以上的贸易是通过水运完成的。我国已经成为世界上最具有影响力的水运大国之一。交通运输部的统计数据显示，2012—2023 年，我国水路货运量由 45.87 亿吨上升至 93.67 亿吨。交通运输部发布的《2023 中国航运发展报告》显示，2023 年，我国国际航运市场总体需求回升，运力供给充足。国内航运市场水路客运量显著回升，货运需求保持了稳定的增长趋势。同时，我国水运基础设施建设继续推进，港口码头继续向大型化、专业化发展，内河航道等级进一步提升。

---

① 杨庆. 2018 年中美贸易摩擦形势分析及未来展望［J］. 湖北经济学院学报，2018，16（6）：27-32.

2023 年，国际航运市场波动依然剧烈。海运贸易增速放缓，国际集装箱运输市场运价大幅回落，国际干散货运输市场海运需求总体疲软。国际油轮运输市场运价出现回落，需求增长放缓、运力低速增长。外部不确定因素可能导致运价波动加剧。

我国国内港口生产增速与国外相比态势较好，2023 年全国水路货运量达到 93.67 亿吨，货物周转量为 129951.52 亿吨千米，分别比 2022 年同期增长了 9.5% 和 7.4%。全国港口集装箱铁水联运量完成 1018 万标箱，同比增长 15.9%。国际邮轮运输全面复航。

交通运输是经济发展的基本需要与重要纽带，水运在交通运输绿色低碳发展中有着不可替代的地位。水运行业是国民经济的基础性、先导性和服务性行业之一，我国一直在加大资金投入力度。《2023 中国航运发展报告》显示，2023 年，我国水运建设投资完成 2015.7 亿元，同比增长 20.1%。固定资产投资保持高位运行，为水运行业稳增长、扩内需提供了有力支撑。

要实现水运经济的长远发展，必须保障我国水运基础配套设施能够满足运输需求。基础设施不完善会严重影响水运经济的整体效益。我国部分地区的水运基础配套设施在配置与服务方面与发达国家还有一定差距，部分港口生产、装卸、转运工艺流程较为落后，在港口前期建设过程中也未投入足够的节能降碳设施装备，导致港口能耗和污染排放总体上仍处于高位。尽管国家出台了一系列措施，但港口仍然面临投资资金短缺以及投资来源不稳定等问题。

（三）社会环境

随着社会的飞速发展，人们的生活水平不断提高，不同审美和价值观不断碰撞与融合，消费范围不断扩大，消费个性化彰显，消费层级分化，这些改变势必会对港口附加价值产生影响。港口初期功能是以装卸、堆存、运输中转等为主，随后向物流仓储、流通加工拓展，逐步成为区域性物流枢纽，如今演变为多功能港口体系。

国内外重要港口和港口城市的发展历程表明，港口、产业和城市之间存在密切和良性的互动发展关系，实现以港促产、以产兴城、以城育港的港产城融合协调发展，是港口城市发展的普遍规律[①]。多年来，我国一直保持世界港口大国的地位，已基本形成布局合理、层次分明、功能齐全、河海兼顾、内外开放的港口体系，在长三角、珠三角、环渤海、东南沿海、西南沿海等五大区域形成规模庞大且相对集中的沿海港口群。许多城市因港而生、依港而兴。各地区要想实现高质量发展以及高质量的港产城融合需要秉持绿色低碳发展理念，将低碳环保的绿色生态引领贯穿于区域规划、功能、设施和建设的各个维度。实施港产城融合发展行动，全面贯彻"大港口、大开放、大循环"理念，构建港口、产业、城市深度融合、相互支撑、整体发展的港口城市发展新格局，是推动港口资源优势转化为高质量发展支点的关键之举。

依托港口推动港产城融合发展，不仅是我国交通运输与社会环境深度融合发展的重点，也是港口城市现代化建设和绿色低碳发展进程中的关键抓手。我国主要港口城市已经相继提出港产城融合发展战略，旨在建设世界一流港口，打造国内国际双循环枢纽，推动区域经济高质量发展。例如，莆田海事局出台《关于服务莆田市加快打造"通江达海战略港城"的实施意见》，提出要聚焦莆田市"东南大宗散货枢纽港、海西产业集群工作港、世界妈祖文化旅游港"三港定位，加快

---

① 丁金学. 新时代我国港产城融合发展问题、形势与建议 [J].当代经济管理，2023，45(12)：74–80.

服务建设现代化港口，深化两岸人文交流及各领域融合发展，为支持莆田市"通江达海战略港城"建设努力提供坚强有力的水上交通安全保障。河北发布了《河北省加快建设临港产业强省行动方案（2023—2027年）》，明确了临港产业发展的总体思路和重点任务，为加快推进临港产业强省建设确定了路径和方向。河北将不断推动建设临港产业强省行动落地落实，着力打造"两群、五地、一融合"的港产城融合发展新格局。其中，"两群"之一便是打造世界一流港口群，包括推进现代化港航设施建设，构建集约高效多式联运体系，开辟连通全球的集装箱航线等措施。

在港产城融合发展的实践过程中，仍然存在不少突出问题。

一是城市功能对港口支撑不足，多数港口城市服务能级有待提升，需要引入高端资源要素，保障产业转型升级与创新发展。二是港口对城市经济发展贡献有限，带动作用不够突出，港产城没有形成良性的联动。三是港产城融合空间布局不协调。城区边界不断扩展，用地资源紧张。港口作业空间与居民生活空间相互交错，港口生产岸线与景观生态岸线竞争激烈。港口建设用地用海难度加大，产业发展空间预留不足。由于前期缺乏科学的规划，土地利用效率有待提高，岸线资源开发利用效率有待提升。四是港口集疏运系统与城市交通之间的矛盾逐渐突出，客货混行、货车围城、交通拥堵等港城发展问题日益突出。五是港口、产业与城市之间缺乏统筹规划，需要有效地对接协调，建立有效的协调推进机制。六是由于港域行政归属不同，港口涉及的利益主体众多，各方对于港口发展的侧重点不一，影响港产城融合发展的统筹谋划、改革和实施。

（四）技术环境

为减小气候恶化对人类社会的影响，各个国家在不同层面上展开合作，提出绿色低碳发展计划，并探讨实现的方法路径，相关科技创新工作也在有条不紊地开展。港口建设涉及岸线利用规划、集疏运体系优化、能源消费结构调整、装卸工艺优化、设备效能提升、船舶减污降碳等多方面的具体技术工作。传统的装备设施技术、运行维护技术、节能减排技术等难以完全满足绿色低碳发展的要求，科技创新这一主要驱动因素的作用越发明显。

我国在港口工程建设和运营中不断尝试技术更新，包括新工艺、新设备、新能源、新操作等。

在新工艺方面，我国采用新式遮帘式板桩构建码头结构，不仅从经济上降低工程造价，而且减少了水上施工环节，降低了对水体的污染。

新设备不仅指以更清洁和更高效的设备替换旧的设备，也包括更换新的引擎或对排放控制技术进行改造，例如部分港区推行的"油改电"改造计划，更新柴油动力集卡，实现港区内流动机械作业由燃油机供电转变为市电供电，采用锂电池为龙门吊转场提供动力，同时安装能量回馈装置进一步提高降耗效果。

新能源即更清洁的燃料或可再生能源，LNG、甲醇、氢能、氨能和生物质能等都属于清洁燃料。深圳港率先在全国开展岸电推广，集装箱泊位岸电覆盖率达80%。港口可利用的可再生能源包括太阳能、风能、海洋能和地热能等。天津港推进港口太阳能、风能等分布式能源设施建设，楼宇、廊道等基础设施大量采取光伏发电。

此外，为了提高运营效率，港口采用数字化技术和集装箱码头自动化操作技术等，减少燃料消耗和碳排放。山东港口青岛港自动化码头是我国完全自主创新并设计建设的亚洲首个、全球领先的全自动化码头，在全球首开低成本、短周期、全智能、高效率、更安全、零排放的自动化码头之先河，单机效率比国外自动化码头高50%。应用防风网、生态抑尘、智能喷淋等技术可有效控制港口粉尘的扩散，在改善港口及其周边环境方面效果显著。当前各港口也在推广应用疏浚土综合利用、煤尘和矿渣回收利用、中水循环利用以及油气回收等技术，更好地实现了资源的综合利用。以上这些新技术的应用、推广将对推动港口绿色低碳发展产生积极的影响，同时新能源的利用和节能减排新技术的成功应用也对港口的经济效益提升有着积极的促进作用。

《2023中国航运发展报告》指出，我国的海运船队规模居于世界领先地位，国产LNG运输船和邮轮的设计与建造技术取得了显著进展。我国电子航道图的建设已经覆盖了超过5700公里的航道，长江干线的电子航道图已经实现了全面覆盖。此外，我国港口的自动化水平显著提升，已建和在建的自动化集装箱码头规模均处于世界前列。整体来看，节能环保型新技术、新工艺的自主研发和转化应用在我国港口中受到高度重视，船舶岸电技术、油改电技术得到广泛推广，LNG和风能等清洁能源在港口能源体系中的应用比例也得到明显提升。然而，部分港口建设主要关注港口、船舶技术上的减碳措施，对船舶航速优化、航行路线优化等管理措施关注度不高，仍缺乏较为系统的绿色低碳规划，建设力度有待进一步加大。我国港口技术更加关注从源头减少碳排放，而缺少对已经产生的碳排放进行有效回收的措施和手段。现阶段我国还存在清洁能源应用程度不高、针对港口基础设施的碳排放量化核算方法体系不够健全等问题，水运行业面临巨大挑战。

二、我国港口绿色低碳发展的内部影响因素分析

（一）港口发展对环境的影响分析

1. 港口建设期

港口建设期对环境的影响主要包括以下几个方面。

一是对水环境的影响。码头项目水上施工过程中，水域疏浚、水工建筑物建设及航道整治等施工环节会对附近水体底泥造成扰动，导致悬浮泥沙浓度剧增，对河流水质造成不良影响。为了防止港口周边的水土流失和保护航道的安全，通常需要建设防护设施，如护岸、护堤等。这些设施会影响水流的自然状态，降低水体的交换能力，使污染物无法有效地稀释和扩散，从而影响水质。施工船舶污水、施工废水和施工人员产生的生活污水如果处理不当也会污染周围水体。同时，施工用水可能也会对当地的水资源造成影响。

二是对大气环境的影响。港口建设期对大气环境的影响主要来自物料运输和装卸、施工活动和车辆行驶等环节产生的扬尘和废气。在港口建设过程中需要运输和装卸大量的物料，例如沙土、碎石、水泥等。这些物料在运输和装卸过程中容易产生扬尘，尤其是在天气干燥、运输车辆密封不严或港内运输道路状况不佳等情况下，物料容易散落，导致扬尘产生。各种施工活动，特别是挖掘和填筑，受到机械作用和风力的影响，细颗粒物和粉尘极易飘散。此外，各种机械和运输车辆会排放废气，其中可能含有二氧化碳、氮氧化物、硫化物等污染物，造成大气环境污染。

三是对声环境的影响。港口建设期的主要噪声是各类施工机械

的辐射噪声及原材料运输产生的交通噪声。港口建设需要使用各种大型施工机械，如挖掘机、装载机、搅拌机、打桩机等，以及一些辅助设备如空压机、发电机等。这些机械大都具有噪声高、无规则、突发性强等特点，在运行过程中会产生不同程度的噪声。例如，港池开挖及构筑工程中的地基加固、填方、强夯作业等工程机械和土石方运输将产生昼夜的面源噪声影响。强夯作业虽然声级很高，但作业不连续、设备分散、工期短，容易对声环境产生不利影响。陆域形成、地基加固及道路堆场施工的工程量大、周期长，工程机械和土石方运输将产生昼夜的面源噪声影响。同时，运输车辆如卡车、货车和工程车等，在行驶过程中会产生较大的噪声，在路面质量较差或交通拥堵的情况下，噪声影响会更加显著。此外，港口有时会进行爆破作业，产生瞬间的巨大噪声和振动，对周围环境和人员产生较大的影响。

四是对固体废物处理产生的环境影响。港口建设期产生的固体废物主要包括建筑废弃物、废石、废渣等，主要来源于港口建设过程中的施工活动，如挖掘、填筑、夯实，以及拆除旧建筑等。这些废弃物有可回收和不可回收之分，如果没有及时处理就会造成资源浪费，甚至污染周边环境。

五是对生态环境的影响。港口建设包括港口作业区、堆场、道路等建设，需要占用大量土地。需要将原有的农用地、林地、草地等转换为建设用地，土地类型的改变，特别是永久占用自然岸线和浅海滩涂等，可能会导致原生植被破坏、野生动植物栖息地丧失，会对当地的生态环境产生长期的影响，降低生态系统服务价值。同时，基础设施建设可能会增加土地利用的强度和压力，导致土地退化、土壤污染等问题。疏港路建设可能会破坏生态系统完整性，使原本连续的生态系统变得孤立，影响物种的迁移和基因交流，也影响生态系统的平衡和稳定性。港口建设过程中的水上施工和运输等活动可能会破坏水体生态系统的平衡。浮游生物和底栖动物的数量会因为生存环境被破坏而减少。如果港口建设中有围填海造陆活动，对水生生态系统产生的影响更为显著。海岸线是海洋与陆地之间的过渡带，是防止海浪冲刷、涌潮侵蚀、风暴潮等自然灾害的天然屏障。围填海会使原本强大的海岸线生态屏障失去抵抗自然灾害的能力。同时，过度围填海和开发会导致湿地、滩涂消失，幼虾仔鱼等海洋生物繁衍生息的环境遭到破坏，红树林、珊瑚礁的生存环境恶化，最终导致海岸线退缩、岛礁消失、风暴潮肆虐。此外，港区作业人群活动强度的增加，对野生动植物生存的影响也不可忽视。

综上所述，港口建设期对环境产生的不良影响多数是暂时性影响，一旦施工结束，其影响也随之结束。在建设期间可以通过加强施工管理、采取合理的工程措施等降低影响，并根据因地制宜的原则，贯彻国家、地方和行业相关的港口绿色低碳发展政策。

2. 港口运营期

在港口运营期间，装卸设备运营、辅助生产及生活污染物的排放等环节都需要落实绿色低碳理念，才能实现可持续发展。港口按功能可分为作业区和非作业区，作业区主要包括集装箱作业区、干散货作业区和油品作业区三种类型，非作业区主要为办公区域。

不同功能分区在运营期间对环境的影响主要包括以下四个方面：集装箱作业区的主要环境影响（见表3-1），干散货作业区的主要环境影响（见表3-2），油品及液化品作业区的主要环境影响（见表3-3），办公区域的主要环境影响（见表3-4）。

表 3-1 集装箱作业区主要环境影响

类型	污染来源	主要指标
水	压舱水、机械冲洗水、堆场径流雨污水	悬浮物、石油类物质
空气	集装箱运输、装卸机械作业	废气（NO_x 和 SO_2 等）
声	进出港汽车、火车、船舶及港内各种装卸、运输机械作业	噪声
固体废弃物	生产垃圾、生活垃圾、船舶垃圾	固体废弃物
环境风险	危险货物（潜在）	爆炸、燃烧或污染物泄漏

表 3-2 干散货作业区主要环境影响

类型	污染来源	主要指标
水	压舱水，机械冲洗水，堆场径流雨污水，地面、道路抑尘用水	悬浮物、石油类物质
空气	干散货堆存、作业	粉尘、废气（NO_x 和 SO_2 等）
声	进出港汽车、火车、船舶及港内各种装卸、运输机械作业	噪声
固体废弃物	生产垃圾、生活垃圾、船舶垃圾	固体废弃物
环境风险	煤炭堆场	火灾

表 3-3 油品及液化品作业区主要环境影响

类型	污染来源	主要指标
水	压舱水、机械冲洗水、堆场径流雨污水、废气治理设施排水、洗罐废水	石油类物质、化学需氧量、悬浮物
空气	作业、储存时的气体挥发	甲醇、粗苯、NO_x 和 SO_2 等
声	进出港汽车、火车、船舶	噪声
固体废弃物	生产垃圾、生活垃圾、船舶垃圾	固体废弃物
环境风险	油品及液化品的储存和相关作业	溢油、火灾、化学品泄漏

表 3-4 办公区域主要环境影响因素

类型	污染来源	主要指标
水	办公室、食堂、值班室	化学需氧量、氨氮、五日生化需氧量、悬浮物
空气	食堂	油烟、颗粒物和挥发性有机物
声	机械设备噪声	噪声
固体废弃物	生活垃圾	固体废弃物
环境风险	办公室	火灾

港口是促进区域经济发展的重要因素之一。港口的运营能够助力当地经济发展，包括增加就业机会、促进物流业发展、吸引投资等，有助于提高当地居民的生活水平，改善社会福利，促进城市的繁荣和发展。同时，港口的发展也会推进周边地区的城市化进程，提高城市的整体竞争力。此外，港口还是重要的旅游资源。许多港口城市以其独特的港口风貌和文化魅力吸引着大量游客，促进了旅游业的发展。因此，实现港口运营期的绿色低碳发展，不仅可以减少港口对环境的影响，还可以提高港口的可持续性和竞争力。

港口运营期对环境的影响不容忽视，必须采取综合措施减轻、消除负面影响。通过技术更新、作业流程调整、规范作业等可减少的影响，一般被认为是可控的，其大小取决于港口利益相关者对环境影响的认知、绿色低碳措施的执行力度以及技术的可行程度等。但是有些影响源于港口建设，管控存在一定难度，例如由于港口的存在改变了原有的天然海岸线和周边陆域海域生态环境系统，对原生物种产生了长期影响，同时也深刻影响着周边居民的生活甚至工作方式，等等。

（二）港口绿色低碳发展的影响因素分析

港口想要构建资源节约、环境友好的发展体系，必须形成绿色低碳发展模式，形成人与自然和谐发展的现代化建设新格局。港口的绿色低碳发展是一个综合性的过程，需要政府、企业和社会各方面的共同努力。从港口本身来看，影响港口绿色低碳发展的因素可以归纳为以下三方面：一是港口的基础设施，二是港口的技术水平，三是港口的管理水平。加强基础设施建设、提升技术水平和加强自身管理对港口绿色低碳发展具有重要影响，各港口应该注重在这些方面的投入，不断提升自身的竞争力。港口的发展周期可以粗略划分为建设期和运营期，每个阶段都有其独特的发展特点和面临的挑战。在建设期，港口既要关注建设情况和基础设施的完善情况，也需要考虑如何在满足建设需求的同时，将对环境的影响降到最低。进入运营期后，港口吞吐量增长、船舶航次增加、货物流动繁忙，港口需要关注的是如何提高运营效率，降低成本，同时应对日益增加的环境压力。当港口达到一定的规模和成熟度后，其发展重点可能转向服务质量的提升和多元化的业务发展。此时，港口需要面对的问题是如何优化资源配置，开拓新的市场。坚持绿色低碳的发展模式，不仅可以有效应对这些挑战，还可以帮助港口在各个发展阶段中保持持续的竞争力和生命力。

1. 基础设施

港口的基础设施水平是评估港口运营能力和发展潜力的基础，包括码头、泊位、航道、堆场、仓库、装卸设备、运输网络等。设施齐全、功能完善的港口可以通过配备先进的装卸设备和技术提高装卸、分拣和包装效率，降低人工成本并减少资源浪费，减少船舶在港时间，降低船舶燃油消耗和碳排放，提高港口通过能力、服务质量和竞争力。港口基础设施绿色化是港口实现绿色低碳发展的重要途径。

港口在建设期可以通过实施绿色施工实现绿色低碳发展。在港口建设的规划和设计阶段，应充分考虑绿色低碳发展的要求，合理规划港区功能、布局和交通组织，优化设计方案和施工方案，减少因车辆拥堵而导致的能源浪费、废气排放和扬尘，尽量避免在生态敏感区域进行建设。在施工过程中应合理安排作业时间，尽量避免在植被生长季节和鱼类产卵期进行大规模的施工。

在港口运营期间，合理的集疏运结构可以降低港口的运输成本，提高运输效率，从而减少能源消耗和碳排放。港口通过增加铁路和水路在综合运输中的承运比重，可以减少对公路运输的依赖，降低车辆尾气排放对环境的影响。港口优化集疏运结构可以更好地服务于腹地经济，促进区域经济的协同发展。例如，通过加强与内陆城市的合作，建立多式联运体系，海港可以更好地服务于内陆城市的生产和贸易。建立环境监测系统可以更好地管理和控制环境问题，实时监测港区和周围环境的质量状况，及时发现和处理生态环境问题。同时，通过对监测数据的分析，还可以为港区的规划和管理提供科学依据。港口运营期间的风险防控和应急体系建设对保障港口安全、稳定运营也具有重要意义。通过加强安全管理、员工培训、设备维护、危险品管理等工作，以及建立专业的应急队伍和完善的应急体系，可以有效降低港口运营风险，提高港口应对突发事件的能力，为港口的可持续发展提供有力保障。

2. 技术水平

港口的技术水平直接影响着港口的绿色低碳发展模式。技术进步使开发替代资源、节约使用港口资源和降低生产活动的污染排放等成为可能，从而缓解港口环境资源的供需矛盾。这包括使用现代化的信息技术和通信工具，如物联网、大数据、人工智能等，以提高港口的运营效率和服务质量。港口管理部门和企业应该注重提高自身的技术水平，不断引入新的技术和设备，推动港口的能源转型和环保水平的提高，以实现港口的可持续发展并保障港口的运营安全。

港口在建设期可以选用环保材料、设备、施工工艺和技术进行建设。在用水过程中，开源节流，提升用水效能，推行全过程节水。加强与相关机构和部门的合作是推进港口绿色低碳发展的重要手段。港口可与当地政府、环保部门、科研机构等合作，共同研究和推进港口建设相关环保技术和措施的创新和推广应用，解决港口建设过程中的环境问题，实现绿色低碳发展。

港区运营期间还应大力推广环保技术和清洁能源，减少对传统能源的依赖，合理规划能源利用方案，提高能源利用效率，减少能源浪费。例如，鼓励使用液化天然气等清洁能源代替传统燃料，减少碳排放；推广使用环保型港口作业机械，如电动集装箱运输车等；建设太阳能发电系统，为港区提供部分电力。港区可采用先进的信息化技术，实现智能化、精细化管理运营。例如，通过物联网技术实现设备之间的信息交互和协同作业，提高作业效率，减少不必要的等待时间，降低港区作业机械产生的噪声并减少废气排放，提高作业效率和能源利用效率。值得注意的是，绿色低碳港口的发展需要具备相关技术和知识的人才支持。应加强人才培养和引进，培养一批具备环保意识和可持续发展理念的人才，为港口的绿色低碳发展提供"智库"支持。

3. 管理水平

这里的管理水平指的是港口自身的管理水平，一套优秀的港口管理体系应具备科学的管理理念、先进的管理方法和高效的管理流程。这意味着管理者需要理解并接受可持续发展的概念，意识到港口不仅是物流的重要节点，也是影响环境的重要因素。管理者要从全局的眼光出发，以长远的眼光看待问题，综合考虑港口的发展、环境和社会的需求，并始终将环保和低碳发展纳入决策中。港口的日常运营、安全管理和服务质量都需要进行精细化的管理和控制，确保每个员工都清楚自己的职责和任务，并能够按照既定的流程进行工作。同时，还需要建立完善的监督和反馈机制，以便及时发现问题并采取纠正和改进措施。

在港口建设过程中，加强管理是至关重要的。这不仅包括施工过程中的管理，也包括对环保措施的执行和监督。为确保各项环保措施得到有效执行，需要建立完善的环保管理体系，明确各方的责任和义务，并加强对施工现场的监管。同时，加强对施工人员的培训和教育，提高他们的环保意识，增强他们的责任心，确保其在施工过程中能够自觉遵守环保规定，文明施工。鼓励公众参与和信息共享是推进港口绿色低碳发展的重要途径。通过建立信息公开平台，及时向公众发布港口建设的进展和环保措施的执行情况，增强公众对环境保护的意识，提升他们对环保的参与度。同时，鼓励公众对港口建设过程中存在的环境问题进行监督和举报，及时解决相应问题，确保港口建设符合环保要求。

港口作为重要的物流枢纽，其环保管理制度的建立对于保护环境、促进可持续发展具有重要意义，要制定港口环保政策，明确环保目标和承诺，确保所有运营活动都符合环保法规要求。建立合规检查机制，定期对港口运营活动进行环保合规性审查。包括对所有进出港口的船舶和港区作业机械进行环保审查，确保它们符合国家和地方的环保标准。对于不符合标准的设备或船舶，应进行改造或更换，以减少废气、废水、废油等污染物的排放。对港口新建或改扩建项目进行环境影响评估，确保项目在规划阶段就考虑到环保因素。识别潜在的环境风险，制定相应的风险管理措施。此外，港区应建立完善的废弃物回收和处理系统。对于固体废弃物，如废纸、废塑料等，应进行分类回收和再利用，减少其对环境的污染。对于生活污水和港区作业产生的废水等，应进行集中处理，确保达到排放标准后再排放。定期对员工进行环保知识和技能培训，增强员工的环保意识，提升其保护环境的能力。通过举办环保知识讲座、发放环保宣传资料、在港口公共区域设置环保宣传标语等活动，我们可以增强居民的环保意识，号召大家共同维护良好的港口环境。

第四章

我国港口
绿色低碳发展实践
——以舟山港、湖州港为例

　　港口的绿色低碳转型，对推动交通领域实现零排放的作用不可忽视。根据地理位置，我国的港口可以分为沿海港口和内河港口。沿海港口通常面临海洋环境，受潮汐、海浪、台风等自然因素影响较大。在绿色低碳发展中，可能需要考虑海洋生态保护、防波堤建设、海上风能利用等因素。内河港口位于河流或湖泊附近，受河流流量、季节性水位变化、航道条件等影响。在绿色低碳发展中，要更注重水资源保护、航道疏浚、内河船舶能效提升等。沿海港口通常规模较大，主要服务于国际和国内远洋运输，货物种类多样，包括集装箱、散货、液体货物等。在绿色低碳发展中，可能更关注大型船舶的能效改进、岸电设施建设等。内河港口规模相对较小，主要服务于内河运输，货物以散货、集装箱为主，运输距离相对较短。在绿色低碳发展中，可能更注重小型船舶的电动化、清洁能源使用等。

　　本章以宁波舟山港和湖州港为例，采用SWOT分析法对沿海港口和内河港口进行案例分析，通过对分析对象的优势（Strengths）、劣势（Weaknesses）、机会（Opportunities）和威胁（Threats）进行深入分析和评估，帮助分析对象制订战略计划和决策。SWOT分析法将分析对象的内部优势和劣势与外部机会和威胁进行匹配，形成一个SWOT矩阵。在矩阵中，SO战略（增长型战略）指利用分析对象的优势抓住外部机会；WO 战略（扭转型战略）指克服分析对象的劣势以抓住外部机会；ST 战略（多种经营战略）指利用分析对象的优势抵御外部威胁；WT 战略（防御型战略）指克服分析对象的劣势以抵御外部威胁。通过观察不同港口的创新做法，可以启发其他港口探索适合自身情况的绿色低碳发展路径。

一、沿海港口绿色低碳发展案例分析
——以宁波舟山港为例

（一）总体情况

宁波舟山港由宁波港、舟山港合并重组而来，2006 年 1 月 1 日起，启用"宁波—舟山港"名称，由镇海、北仑、大榭、穿山、梅山、金塘、衢山、六横、岑港、洋山等 19 个港区组成。宁波舟山港是继上海港、新加坡港之后，全球第三个 3000 万级集装箱大港。2021 年 9 月，宁波舟山港集团问鼎中国质量奖，实现了浙江省中国质量奖零的突破，为中国港口界首次获得中国质量奖。浙江省港航管理中心的统计数据显示，2023 年，宁波舟山港完成货物吞吐量 13.24 亿吨，同比增长 4.94%，连续 15 年蝉联全球第一位；完成集装箱吞吐量 3530 万标准箱，同比增长 5.85%，稳居全球第三位。

（二）SWOT 分析——优势

1. 地理位置

宁波舟山港位于中国大陆海岸线中部，处于长江三角洲和长江南端"T"型航线的交会点，具有连接南北、贯穿东西的地理位置优势，是中国对外开放的一类口岸之一。宁波舟山港紧邻上海、苏州等城市，能够更好地与国内其他港口和地区合作，促进物流运输的顺畅和便捷。

宁波舟山港靠近国际主航道，是亚太地区通江达海的理想之地，能够吸引大量国际船舶前来停靠和运输货物，在国际航运中具有重要地位。

宁波舟山港的地理位置优势还体现在其辐射范围广阔。宁波舟山港能够服务于中国东部沿海地区，包括长三角、环渤海等地区，同时还可以通过陆路和水路等方式辐射内陆地区，为内陆地区的货物运输提供便利。

2. 资源条件

宁波舟山港拥有丰富的深水良港资源，水域面积达到143000平方千米，是中国屈指可数的天然良港。宁波舟山港核心港区主航道水深超过22.5米，30万吨级巨轮可以自由进出港，40万吨级以上超级巨轮也可以候潮进出。这为宁波舟山港提供了得天独厚的港口条件，使其能够满足各种大型船舶的停靠和装卸需求。

宁波舟山港北起杭州湾东侧的花鸟山岛，南至石浦的牛头山岛，南北向总长约220千米；岸线曲折，大陆岸线总长1547千米，岛屿岸线总长3203千米。海岛资源丰富，拥有1910个沿海岛屿，这些小岛是港口的天然屏障，其中有不少岛屿航道通畅，适宜建港。

宁波舟山港腹地拥有丰富的自然资源和旅游资源。腹地内有大量矿产、海洋生物等资源，为港口经济发展提供了坚实的物质基础。此外，宁波舟山港周围环境优美，拥有众多旅游景点，如舟山群岛、普陀山等，吸引了大量游客前来观光旅游，为港口经济发展注入了新的活力。

宁波舟山港拥有先进的集装箱码头、散货码头、油品码头等，万吨级以上大型泊位超过200座，5万吨级以上的大型、特大型深水泊位超过120座。这些泊位能够满足货物的装卸需求，具备高效性和安全性，可提供全方位的港口服务。

3. 交通方式

宁波舟山港构筑了对外综合运输通道，通过"两环十射四连四疏港"联通全国公路网。

港区内有白沙、洪镇、北仑三条港区铁路支线与萧甬铁路相连，并通过浙赣、沪杭、宣杭线与全国铁路网连接。

宁波舟山港主要有两条内河集装箱运输通道。第一条为长江江海联运通道，即通过长江黄金水道展开一票单程的江海直达或一票多程的江海中转运输；第二条为浙江海河联运通道，与第一种路径不同的是，它主要依托长江以外的省内内河水网展开，主要腹地为浙北杭嘉湖地区，可随钱塘江上游航道整治的推进延伸至金华、衢州等浙西腹地。2022年末，宁波舟山港拥有集装箱航线300条，其中远洋干线144条。

（三）SWOT 分析——劣势

1. 自然气候条件

宁波舟山港属亚热带季风气候，雨水充足，在春季易受雾天的影响，夏季易受到台风的影响。雾天能见度低，可能导致港口视线不佳，影响船舶的进出和安全，需要采取减缓船只进出速度、增加导航设备等安全措施。台风带来的强风和大浪可能会导致港口运营中断，对船只和货物造成损害，甚至可能对港口设施造成破坏。在这种情况下，港口通常需要采取预防措施，例如提前加固设施、转移易受影响的货物等。

2. 集疏运体系

与世界一流港口相比，宁波舟山港的集疏运系统还不够完善，存在的主要问题有：陆上运输以公路运输为主，铁路货运量占总货运量的比重较小；港区铁路线路分布不平衡；舟山市内港口与内陆腹地联系弱，货物集疏运条件较差。宁波舟山港海铁联运始于2009年，起步较晚，且占比较低。以2020年度为例，宁波舟山港在集装箱吞吐量达到 2872 万标箱的前提下，海铁联运仅占集装箱总吞吐量的 3.48%[①]。

宁波舟山港的集疏运方式以公路运输为主，水路运输为辅，铁路运输所占比例较小。从各运输方式承载的货运量年度变化趋势来看，公路运输依然会是主要的运输方式，而且其货运量可能会持续上涨。主要集疏运方式之间协调性较弱，单一运输方式易受到各种不利因素影响。同时，宁波舟山港货运铁路运输线路较少，铁路运输的综合优势与宁波舟山港货运需求匹配度较低，未能实现高效的集疏运。

3. 港口效率

港口效率可用来评估港口投入与产出之间的关系，以此来判断港口的资源配置是否合理。因此港口效率可以被视为衡量港口资源配置情况和各项资源综合利用率的有效指标。港口效率是一种相对效率，并不存在绝对的高效率或低效率。研究显示，在与其他港口（上海港、天津港、青岛港、广州港、大连港、厦门港、连云港港、烟台港、营口港、秦皇岛港、日照港、北部湾港、唐山港）的横向对比中，宁波舟山港的港口效率值有待提升。这主要归因于港口的纯技术效率不足，同时，它与其他港口缺乏足够的合作，且未能充分开展新型航运业务，港口规模效率也有待提升。此外，港口综合能耗过高也是一个不容忽视的问题，宁波舟山港需要在节能减排方面加大投入力度。

（四）SWOT 分析——机会

1. 政策支持

（1）共建"一带一路"倡议

2017 年 6 月，国家发展改革委和国家海洋局[②]联合发布《"一带一

---

① 徐超波. 绿色发展视角下的宁波舟山港港口效率评价［J］. 水运管理，2022，44（2）：8-10.
② 国家海洋局于 2018 年 3 月撤销。

路"建设海上合作设想》，提出推进海上互联互通。通过缔结友好港或姐妹港协议、组建港口联盟等形式加强沿线港口合作，支持中国企业以多种方式参与沿线港口的建设和运营。

自共建"一带一路"倡议提出以来，宁波舟山港充分发挥大港优势，积极参与共建"一带一路"，走出了一条依托"一带一路"的强港之路。宁波舟山港通过全球化布局，拓展了其发展空间和资源渠道，通过与海外港口运营商、航运巨头、物流供应商等合作伙伴的紧密合作，在港口业务开发、基础设施建设、智慧港口、环境保护、安全保障、港城联动等领域逐步提升，推动国际港航人文合作交流，发布了《海丝港口绿色发展愿景》《全球港航共应时变、共克时艰、共商时策之宁波宣言》《共时代·共丝路·共强港——海丝港口国际合作愿景与行动》等，加快了国际港航通道对接融合步伐。

（2）支持多式联运

在推动多式联运高质量发展方面，我国发布了多项政策性文件，采取了多种措施提高多式联运的效率和质量。例如，交通运输部和国家发展改革委组织开展了多批多式联运示范工程申报工作，宁波市交通运输局和财政局也发布了《宁波市集装箱海铁联运扶持资金管理办法（修订）》，进一步培育和壮大海铁联运市场。

2019 年，"宁波舟山港—浙赣湘（渝川）"海铁公联运成为国家多式联运示范工程。宁波舟山港发挥铁路直通港区优势，加强与铁路局的协调沟通，增密海铁线路，创新业务模式，诸暨、永康班列升级为"天天班"，郑州、武汉专列实现周班常态化运营，并实现"义乌—宁波舟山港"海铁班列与中欧回程班列的"整列中转"。通过开展铁水联运业务，西南省份有了通向北美、南美等地区的快速出海通道。从重庆运至宁波舟山港的外贸集装箱，运输时间由传统水运的 12~13 天缩短为 58 小时，物流成本较公路运输节约近 50%。与公路运输相比，铁水联运的节能减排效果更加明显。2022 年宁波舟山港海铁联运完成 145.2 万标箱，节约燃油 9200 万升，相当于节省 10.7 亿元；减少碳排放 26 万吨，相当于新增森林面积 650 平方公里。

宁波舟山港积极推广应用水水中转、海铁联运、双层集装箱班列等低碳运输方式，通过发展多式联运持续促进运输结构调整，提高货物循环效率，降低社会物流成本。

（3）推进岸电系统发展

中国政府积极推动港口岸电的建设和发展。近年来，交通运输部出台了《港口和船舶岸电管理办法》等部门规章和《加快建设交通强国五年行动计划（2023—2027 年）》《关于示范推进国际航线集装箱船舶和邮轮靠港使用岸电行动方案（2023—2025 年）》等计划方案，明确要求船舶靠港期间通过使用岸电等措施来减少大气污染。交通运输部还积极协调国家发展改革委，将长江经济带运输船舶受电设施改造纳入"十四五"中央预算内投资补贴范围。为提高岸电使用效率和服务质量，各地积极采用信息化技术手段，创新岸电支付方式，实现便捷结算。宁波出台了《宁波市港口岸电奖补办法》，在此前靠港船舶用电价格不高于 0.3 元/千瓦时的奖补基础上，到 2023 年年底前，靠泊宁波舟山港集团所属码头的船舶，可免费使用岸电。

岸电系统是宁波舟山港推进绿色港口建设的一大特色。将停用船舶的自身燃油发电系统改为陆地电源，为船舶提供生产、生活用电，这样可以使船舶在港期间的污染排放接近于零。

2021 年 11 月 20 日，宁波远洋运输股份有限公司最大的国际航行船舶"新明州 98"轮在宁波舟山港梅山港区 6 号泊位完成 11 个小时的高压岸电接用，节约燃油约 0.85 吨，减少二氧化碳排放约 2.67 吨，这是宁波舟山港集团自有集装箱船舶首次成功接用高压岸电。截至2022年，宁波舟山港已建成高压岸电15套、低压岸电180余套，其中集装箱和专业干散货泊位岸电覆盖率达到75%，提前完成交通运输部《港口岸电布局方案》中所提出的要求。宁波舟山港实现电力龙门吊全覆盖，7个泊位已配备2套高压岸电、3套低压岸电，在高低压岸电交错分布下，岸电覆盖率达100%；拥有LNG集卡65台，配备LNG加气站，采用清洁能源作为动力的港口流动机械占比超1/4；配备远程智能照明控制系统，LED节能灯具覆盖率达94.38%。

截至2023年5月底，宁波已建成22套高压岸电系统，实现了宁波港域的北仑、穿山、梅山、大樹四大集装箱港区的高压岸电全覆盖；低压岸电设施148套，基本实现宁波市52个专业化泊位岸电全覆盖。

2021年11月15日，宁波舟山港首座全自动换电站——梅山港区1号智能换电站投用。该换电站5分钟可全自动完成智能集卡车载电池更换流程，较充电节省近1小时，有助于提升该港区的运营效率及自动化水平。宁波舟山港以梅山港区为试点，构建以风电、光电为主导的清洁能源体系，实施船舶靠港常态化使用岸电，预计到2025年，岸电使用量较2019年翻两番；打造智能化码头，推进桥吊和龙门吊远控、无人集卡规模化使用，形成低碳港区建设"梅山方案"，并逐步推广至全港域。截至2021年9月，梅山港区已建成2套船舶岸基供电系统，其余4套建设也即将完成。船舶岸基供电系统全部建成投用之后，每年碳排放量会减少近2万吨。

（4）推动LNG加注站建设

我国一直以积极的态度和坚定的决心推动港口LNG加注站的建设和发展。2022年，国务院办公厅发布《关于印发"十四五"现代物流发展规划的通知》，提出加强货运车辆适用的充电桩、加氢站及内河船舶适用的岸电设施、液化天然气（LNG）加注站等配套设施布局建设，加快新能源、符合国六排放标准的货运车辆在现代物流特别是城市配送领域应用，促进新能源叉车在仓储领域应用。2023 年，中华人民共和国海事局发布《关于创新海事服务 支持全面深化前海深港现代服务业合作区改革开放的意见》，提出支持开展液化天然气（LNG）、甲醇等船舶清洁燃料加注业务。为鼓励引导船用 LNG 加注行业的健康发展，国家已初步建立完善的 LNG 加注船设计、建造、营运及加注作业操作规范标准体系。在监管法规方面，交通运输部颁布了《船舶载运危险货物安全监督管理规定》，中华人民共和国海事局也印发了《水上液化天然气加注作业安全监督管理办法》。在 LNG 加注船的设计和建造标准方面，中国船级社发布了《液化天然气燃料加注船舶规范》（2015）和《液化天然气燃料加注船舶法定检验暂行规则》（2016）。在水上 LNG 燃料加注作业标准方面，国家市场监督管理总局、国家标准化委员会发布的《液化天然气燃料水上加注作业安全规程》2023 年 7 月 1 日起正式实施，中国船级社 2020 年底发布《液化天然气燃料加注作业指南》（2021），交通行业推荐性标准《水上液化天然气加注站 / 船应急响应计划编制要求》于 2020 年 11 月开始实施。2023 年，浙江海事局发布《浙江海事局海上液化天然气加注作业安全管理办法（征求意见稿）》，旨在加强海上 LNG 加注作业的安全管理，保障船舶和人员的安全，促进水运行业的绿色低碳发展。

2023 年 3 月 29 日上午，宁波"绿能港"国际航行船舶保税 LNG 加注码头改造项目顺利通过完工验收，实现了 8500~30000 立方米 LNG 加注船靠泊和反输功能，即通过"储罐—船"的模式将罐内 LNG 返装至加注船，再由加注船实现"船至船"加注，可为国际航行船舶加注 LNG 燃料，并具有保税 LNG 转口贸易功能。宁波"绿能港"国际航行船舶保税 LNG 加注码头改造项目的完成，将使宁波舟山港成为浙江自贸试验区首个具备国际航行船舶保税 LNG 常态化加注能力的港口，是中国海油助力浙江自贸区建设的有力实践，对提升宁波舟山港国际化水平和全球港口竞争力具有重要意义。

2. 绿色港口等级评价

2020 年 5 月，交通运输部发布《绿色港口等级评价指南》，根据该指南，"绿色港口"指的是在生产、运营和服务时，贯彻绿色发展理念，积极履行法律责任和社会责任，综合采取节约资源和能源、保护环境和生态、应对气候变化的技术和管理措施，达到绿色港口等级评价要求的港口或码头。

绿色港口等级评价为港口绿色低碳发展提供了明确的目标和方向，为港口企业提供了清晰的发展路径，可促进港口的资源节约和环境保护。通过制定具体的评价指标和标准，可以量化港口的资源消耗、污染物排放等，从而更好地指导港口采取有效的节能减排措施，提高资源利用效率，减少对环境的影响。此外，开展绿色港口等级评价还有助于提升港口的国际竞争力。随着全球绿色发展的趋势不断加强，港口作为全球物流链的重要节点，必须适应这一趋势，提高自身的绿色发展水平。通过参与绿色港口等级评价，港口可以提升自身的国际形象和声誉，吸引更多的国际物流和贸易业务，增强自身的竞争力。制订绿色港口发展计划和实施有效的管理措施，可以促进港口的可持续发展，实现经济、社会和环境的协调发展。

2021 年度中国港口协会绿色港口等级评价第一批项目评价结果公示结束，宁波舟山港北仑第一集装箱码头有限公司荣获"四星级绿色港口"称号，至此宁波舟山港获该项荣誉的单位已增至 3 家（前 2 家为宁波北仑第二集装箱码头有限公司、宁波北仑第三集装箱码头有限公司）。

3. 科技进步

近年来，随着科学技术的发展，交通运输行业与多种多样的新技术深度融合，5G、大数据、物联网等高新技术为交通运输业的可持续发展提供了前所未有的机遇。

（1）集卡"油改气"应用

机动车尾气排放是大气污染的元凶，与传统的燃油车辆相比，以LNG作为燃料的车辆具有节能环保、经济效益高的优势，因此在港口推广LNG货车是解决汽车尾气污染问题的有效方法。宁波舟山港从2010年开始投入使用LNG集卡。据统计，每辆LNG集卡一年可减少25吨二氧化碳排放和3.4吨有害物质排放。

（2）龙门吊"油改电"改造

码头龙门吊主要采用柴油机组供电方式，存在能耗高、成本高、污染重等缺点。码头龙门吊"油改电"就是以电力驱动代替柴油驱动，不仅可以节约能源、降低成本，还能保护环境。据统计，在正常作业情况下，一台普通的龙门吊，每日排放的氮氧化物、一氧化碳、二氧化硫等废气和颗粒物合计约103千克。"油改电"技术能在一定程度上解决高排放高污染问题。2007年，宁波舟山港全面启动龙门吊"油改电"项目，成为全国第一家全面投用龙门吊"油改电"技术的港口企业。2012年，全港288台龙门吊全面实现电力驱动。2017年，电力驱动龙门吊达到400台，每年约可减少柴油用量4万吨。

（3）船舶技术升级换代

2020年，全国港口行业首艘双燃料拖轮"甬港消拖60号"轮接船仪式在宁波舟山港举行。本次交接的"甬港消拖60号"轮功率达6500马力，主要设备选用LNG/柴油双燃料主机和可变螺距全回转舵桨，能灵活适应各种水文地形的助离泊和抢险救援作业。该轮配备的双燃料主机在节能、减排方面充分体现了低碳、绿色、环保的发展理念，可实现柴油与LNG两种燃料的相互转换，燃油替代率可达90%。该轮在采用燃气模式运行时，硫氧化物排放可减少 98%、颗粒物排放可减少 98%、氮氧化物排放可减少 85%、二氧化碳排放可减少 20%，是我国港口全回转港作拖轮升级换代的代表性产品。

（4）码头智慧化改造

宁波舟山港高度重视智慧港口建设，把数字化改革作为引领发展的第一动力。宁波舟山港出台数字化改革行动方案，明确了集团未来五年数字化改革计划表和路线图，推进智慧化码头改造试点，加快对 2 个集装箱码头和 1 个铁矿石散货码头进行全程智能化改造。宁波舟山港自主研发 n-TOS 集装箱码头生产操作系统，应用 5G 等现代自主可控技术打造自动化码头，实现全国首个集装箱进出口业务全程无纸化、节点可视化操作。同时，宁波舟山港积极打造以"一城两厅"（网上物流商城、网上营业厅、物流交易厅）为核心的港口物流电商平台，推进单一窗口、单证无纸化项目，积极推进海港、陆港、空港、信息港联动发展。以 2020 年 1—9 月小提单无纸化提箱量 93 万自然箱测算，宁波舟山港已累计节省社会物流成本 2101.4 万元，减少用纸 132 万张，减少二氧化碳排放 480 吨。

宁波舟山港在全国率先建立了危险货物安全管控平台，实现手机 App 查询，与港区消防等部门联通共享。安全应急能力大幅提升，基本形成以水上交通指挥中心为枢纽的日常交通指挥、安全预警、应急反应处置的联动机制。宁波舟山港积极开发建设集装箱环境数据预警集成应用系统，对区域大气、水污染物以及噪声进行实时采集、分析和统计，进一步为提升环境监测监管治理能力赋能。2022 年 10 月 28 日，宁波舟山港首批船舶尾气排放综合监测系统正式上线运行，主要用于对进出港区在航船舶尾气数据进行收集和分析，实现辖区进出港船舶尾气遥测监管。在监测网络中，岸基固定式船舶尾气嗅探系统实现了"陆域"盯防。目前，首批船舶尾气排放监测设备就属于"陆域"岸基固定式嗅探系统，主要用于北仑港区监测区域内船舶尾气排放的自动在线监测，通过对码头区域内的船舶尾气参数气态因子进行实时在线监测和综合分析，识别船舶燃油硫含量和船舶大气排放是否符合相关标准，从而实现船舶大气污染防治精准监管。

2023 年 1 月，随着 5 台崭新的智能桥品全部顺利上岸宁波舟山港金塘港区集装箱码头，宁波舟山港已累计拥有智能桥龙设备超 160 台、散货智能大型设备超 15 台及智能集卡 75 辆，设备集群智能水平迈向新高度。

（五）SWOT 分析——威胁

1. 经济环境波动剧烈

全球经济不确定性给宁波舟山港的发展带来了一定的威胁。国际贸易保护主义的抬头和贸易摩擦的加剧，致使宁波舟山港的出口贸易受到了一定的冲击。此外，全球金融市场的波动也可能对宁波舟山港的融资和发展造成一定的影响。全球经济下行压力加大，宁波舟山港作为全球贸易的重要节点，面临着需求下降、货源减少的压力。同时，港口面临建设投资减少，建设进度受阻的风险。

2. 环保监管压力较大

环保要求和监管压力的加大也是宁波舟山港面临的一个挑战。随着全球对环境保护的重视程度不断提高，港口行业面临着越来越严格的环保要求。宁波舟山港在未来的发展中需要加大环保投入力度，推进绿色低碳发展，降低污染排放，以满足国际环保标准。同时，政府对港口行业的监管力度也在不断加大，宁波舟山港需要加强合规管理，严格遵守相关法规和政策。这可能会增加港口的建设和运营成本。

面对环保压力，宁波舟山港调整港口功能区划，优化港口功能布局，先后实施了镇海港区、北仑港区等码头的搬迁改造工程，将原来的散货码头改造为件杂货码头或集装箱码头，有效减少了煤炭、矿石等散货作业对城市环境的影响。在码头、罐区、罐桶和槽车作业区域设置废气回收管线；积极推进防尘设施建设，共建成防风网 15000 多米。随着宁波舟山港的快速发展，进出港船舶数量迅速增长，船舶油污水、船舶垃圾等船舶污染物处置需求日趋旺盛，综合性环保码头应运而生。海靖环保码头是目前宁波舟山港唯一的接收处理废油和船舶垃圾的综合性环保码头，地处郭巨街道峙头，拥有 5000 吨级溢油应急抢险泊位和 1000 吨级船舶废弃物接收泊位各 1 座，设计年通过能力为 72.9 万吨。同时，后方配备了 20 万吨/年处理能力的油污水综合利用装置、1.8 万吨/年废乳化液处理设施和 30 吨/时处理能力的污水处理厂等环保工程设施，可极大程度缓解宁波舟山港船舶油污水处理压力，减少海上环境污染，保护港区水域环境，更好地服务于宁波舟山港绿色低碳发展。

3. 区域港口竞争激烈

现阶段，长三角港口群在组织形态上正在逐步形成"以上海为中心、以宁波舟山港为南翼、以洋口港为北翼、以长江诸港为纵深"的港口群空间发展格局①。在两翼港口与上海港不断发展的进程中，长三角地区优良岸线资源紧缺问题将逐渐成为制约港口发展的瓶颈。各港口各自为政，导致资源浪费和重复建设，还存在货源种类相似、经济

---

① 姜乾之，戴跃华，李鲁. 全球城市群演化视角下长三角港口群协同发展战略［J］. 科学发展，2019（5）：55—63.

腹地重叠的问题。在面对其他港口的竞争时，宁波舟山港需要更加积极地进行差异化发展，避免陷入同质化竞争的困境。

根据合作竞争理论，位于同一港口群内的宁波舟山港和上海港的竞争关系是动态而复杂的。这两个港口的运营规模较为接近，特别是在港口货物吞吐量和船舶停泊数量等方面，它们的差异很小。这进一步证实了其间存在着激烈的竞争关系。上海港凭借先天优势，始终掌握着长江三角洲经济带的经济发展动态，对周边城市的吸引力巨大，形成了多条庞大且稳定的物流链。相对而言，宁波舟山港起步较晚，业务范围主要集中在浙江省内，对周边腹地的吸引力相较于上海港明显处于劣势。此外，在管理水平、基础设施、财务状况和发展潜力等方面，宁波舟山港与上海港相比还存在一定差距。

4. 跨区域行政合作

由于宁波舟山港是由宁波港、舟山港合并重组而来，两港分属两地，在发展过程中需要实行跨地区合作，然而不同地区的港口管理机构往往从各自的角度出发衡量地区的发展利益。宁波、舟山两市在港口规划、产业布局、生态环境、环保建设方面均有差异，这可能增大跨地区的专业合作难度。例如，在宁波舟山港提出的"四个统一"中，统一品牌和统一规划比较容易落实，统一建设和统一管理则难以落实到位[①]，严重制约了宁波舟山港经济圈的协调发展。

5. 绿色技术推广受限

多数港口在推动绿色低碳发展方面，科研投入不足，缺乏对节能减排技术的研究和应用。同时，港口也没有建立起有效的激励体

---

① 李晓光. 基于 SWOT 法分析宁波舟山港口经济圈一体化发展战略 [J]. 进出口经理人，2016（5）：21–22.

系，以鼓励企业推广和应用这些环保技术。即使存在一些激励机制，但由于支持力度不够或手续烦琐等原因，企业往往被迫放弃或中断对这些绿色低碳技术的支持。港口绿色技术的推广应用需要多个部门协同合作，例如交通、水利、环保等部门。然而，目前这些部门之间的协同机制仍有待完善，存在一定的沟通障碍。港口绿色技术的配套设施、技术装备、体制机制尚不健全。例如，虽然沿海港口建设了大量的岸电设施，但由于船舶缺少受电设施，使用岸电的成本优势不明显，岸电实际利用率较低。在 LNG 加注站、化学品洗舱站等污染防治方面，以及清洁能源推广、港口码头设施节能环保技术改造等重点领域，还存在配套设施不足、经济效益不高、维护成本高，以及缺乏统一标准和规范化操作管理等问题，相关推广应用受到一定制约。这些情况导致绿色环保技术的推广进展缓慢，制约了港口的可持续发展。

尽管宁波舟山港的岸电覆盖率很高，但港口岸电使用率较低。有接受岸电能力的集装箱船约有 500 艘次，仅占靠泊总艘次的 1.7%。一是船舶受电设施，尤其是沿海高压岸电设施改造成本过大。据调查，集装箱远洋运输船舶受电设施改造成本高达 650 万元，而目前大型远洋运输船舶副机燃油发电成本在 0.8 元／千瓦时以下，即使靠岸电和燃油的差价来弥补，回收期也较长。二是没有为船舶受电设施设定有针对性的改造的目标和计划，相较于国际海事组织（IMO）2020 年的限硫令，在港口岸电方面，国内外并没有相关政策强制要求靠港船舶使用岸电。三是水运企业对岸电系统的稳定性、安全性缺乏信心，接用岸电程序复杂，接用岸电过程中会增加船员工作量和管理成本。部分船舶所有人通常使用太阳能电板、蓄电池等来解决供电问题，岸电使用需求不大。

（六）绿色低碳发展对策分析

1. 提升宁波舟山港综合竞争力

（1）把握"一带一路"发展机遇（SO 战略）

衡量港口发展情况的关键在于其竞争力。共建"一带一路"倡议的提出，为港口的发展注入了新的动力，促进了港口的进一步发展，并提升了港口的竞争力。共建"一带一路"倡议旨在加强共建国家和地区之间的经济合作和交流，港口作为连接陆路和海上运输的重要节点，对推动"一带一路"倡议的实施起到举足轻重的作用。通过加大港口的环保投资和绿色低碳建设力度，提高港口的运营能力和服务水平，可以进一步促进共建"一带一路"国家和地区的贸易往来和经济发展。

（2）拓展服务领域（ST 战略）

宁波舟山港可以将港口作为主体，推行开放式物流政策，建设发展自由港形态，或者从物流增值服务出发，围绕其设立特定港口保税区和仓库。积极拓展港航服务领域，加强跨行业合作，例如设计绿色低碳的物流优化方案、开展跨境电商物流业务等，满足客户多样化的需求。

（3）加强金融支撑（ST 战略）

地方政府应关注港口经济发展动向，了解和解决港口经济发展中遇到的困难和问题，出台一系列支持港口绿色低碳发展的优惠政策，并及时执行，以促进港口经济和生态环境质量的双"增长"。相关机构应积极引导和鼓励金融机构进入港口领域，通过落实优惠政策、提供金融服务咨询和支持等方式，为港口绿色低碳发展提供充足的资金保障。

（4）提高管理水平（WT 战略）

根据港口可持续发展的相关理论，港口发展到一定规模后，其基础设施会逐渐达到饱和状态。在这种情况下，提升港口系统的管理水平就变得尤为重要。传统的港口管理模式无法满足现代港口对绿色低碳发展的需求。因此，宁波舟山港需要探索新的管理模式，以适应港口的可持续发展要求。同时，港口也需要关注环境保护和污染防治，包括减少港口的空气、水和噪声等污染，合理规划和利用土地资源，提高能源利用效率等。

2. 提高港口综合技术效率

（1）提高海铁联运水平（WO战略）

海铁联运是一种结合水路和铁路运输方式的物流方式，具有经济、环保、高效、便捷等优势，是港口物流集疏运的重要方式之一。海铁联运的优势不仅体现为运输效率的提高，还体现在能源消耗的减少。据统计，海铁联运可以减少20%~30%的能源消耗，这是港口绿色低碳发展的重要体现之一。为提高海铁联运水平，宁波舟山港需要加强基础设施建设，包括加快建设铁路站配套设施，加快舟山连岛工程建设，建立通畅的多式联运网络，提高运输效率和质量。同时，宁波舟山港还需要加强多式联运的协调和管理，优化运输流程，提高运输效率；加强技术创新和研发，推广先进的物流技术和设备，提高运输质量和效率。

（2）推动清洁能源利用（WO战略）

积极推动清洁能源的应用，已成为宁波舟山港实现绿色低碳发展的重要方向。这不仅有助于港口在环境保护方面发挥更大的作用，还能为港口的长远发展打下坚实的基础。优化港口用能结构，不仅可以节约能源、减少污染物排放、保护环境，更是港口适应新时代发展需要的必要途径。为了实现这一目标，近年来宁波舟山港在港口环境保护方面进行了大量的投入，尽管取得了一定的成果，但用能方式仍然存在不足，需要进一步转变。传统的燃油仍然是港口主要的能源来源，这不仅增加了运营成本，也对环境造成了压力。因此，宁波舟山港应积极探索和研发太阳能、风电能、潮流能等清洁能源在港区设备运行、生产、生活等方面的应用。然而，清洁能源的应用也面临着一些技术难题。光伏、风能、潮流能等能源发电不稳定、储能技术不完善等问题都亟待解决。宁波舟山港需要加大科研力度，与技术合作伙伴共同研发和创新，攻克这些技术难题。

3. 与腹地经济协同发展

（1）与上海港错位发展（ST 战略）

上海港是宁波舟山港强有力的竞争对手，但在港口基础设施建设、外资引进、腹地货源、中转资源和政策支撑以及人才技术方面，宁波舟山港仍然处于劣势。面对这样的局面，宁波舟山港需要从自身实际情况出发，将拥有优越的深水条件这一优势发挥在大宗散货的中转运输方面。同时，宁波舟山港可以通过和上海港共享绿色低碳技术和环保经验，弥补自身的不足，避免"价格战"等恶性竞争，共同提升服务质量、提高运营效率、降低成本，实现可持续发展。

（2）打造港口经济圈（SO 战略）

宁波市和舟山市目前都处于经济发展的转型阶段，致力于调整经济结构，同时注重高质量发展。在这个过程中，宁波市和舟山市之间的关系因为港口的连接而变得更加紧密。港口作为两个城市之间的重要纽带，不仅促进了两个城市之间的贸易往来和物流运输，还为两地的经济发展提供了有力的支撑。随着基础设施的不断完善，如舟山跨海大桥的建成通车，以及朱家尖大桥扩建工程、蝴蚣峙旅游集散中心和甬舟铁路的规划建设，港口经济圈硬件设施建设得到了有力保障。这些基础设施的建成投用，将进一步提升宁波和舟山港口的运输能力和效率，加强两个城市之间的物流连接，推动港口经济圈的形成和发展。同时，这也将为两地的产业结构调整和优化提供有力支持，促进港口经济的转型升级和高质量发展。

二、内河港口绿色低碳发展案例分析
——以湖州港为例

（一）总体情况

《湖州港总体规划（2035 年）》将湖州市按地理位置划分为 6 个港区，分别为吴兴港区、南浔港区、长兴港区、安吉港区、德清港区、南太湖港区。

改革开放以来，随着湖州市经济的快速发展，对港口的运输需求不断增加，港口、航道建设进程加快，港口通过能力和吞吐量增长迅速。2005 年，湖州港吞吐量超过 1 亿吨，成为亿吨大港。2023 年，湖州港货物吞吐量高达 13654 万吨。10 多年来，湖州港集装箱吞吐量增长态势迅猛，自"十一五"期间实现内河集装箱运输零的突破以来，湖州持续积极引导产业结构调整，优化集装箱运输组织，创新水运发展模式，拓展物流路径及范围，完善通关服务机制，实现集装箱河海联运、海铁联运从无到有再到优的连续突破。2023 年，湖州港完成内河集装箱吞吐量 85.41 万标箱，同比增长 19.9%，连续 9 年领跑全省内河港口。

（二）SWOT 分析——优势

1. 区位优势突出

湖州港是全国 36 个内河主要港口之一，位于浙江省湖州市，地处杭嘉湖水网地区、东苕溪与西苕溪汇合处。湖州地处长三角中心区域，是连接长三角南北两翼和东中部地区的节点城市。湖州拥有全国一流的铁路、公路和内河港口：宁杭高铁、宣杭铁路，长深（G25）、沪渝

（G50）、申嘉湖（S12）、练杭（S13）、杭长（S14）五条高速公路，G104 国道、G318 国道等公路，京杭运河、长湖申线、湖嘉申线和杭湖锡线等航道，交通十分便捷，为湖州港发展提供了便捷的集疏运条件。

2. 水网条件优越

湖州市内以东苕溪为界，分为西部山区和东部平原。境内地势自西南向东北微微倾斜，形成山地、丘陵、平原三大地貌，分别占湖州市总面积的 18.35%、30.95%、50.70%。西南及北部为中、低山区，中西部为重丘地区，由天目山脉向北延伸入境形成，平均海拔为 100~200米；东北部地势平坦、较低平，为水网平原区，平均海拔为 3~4 米，系长江三角洲冲积平原的一部分。这种地形特点为水流的自然流动提供了有利条件。截至 2021 年底，湖州市航道总里程达 1173.7 千米，航道密度达 20 千米/百平方千米。其中，Ⅲ级航道 168.7 千米，Ⅳ级航道176.3 千米，Ⅴ级航道 111.7 千米，Ⅵ级航道 158.9 千米，Ⅷ级及以下航道 558.1 千米，初步形成以Ⅳ级及以上高等级航道为骨架，以Ⅴ级和Ⅵ级航道为支线的航道网络。在水网密布的浙江，湖州的航道密度和高等级航道里程均位列全省第二。湖州港的航道常年不淤不冻，无论是在寒冷的冬季还是炎热的夏季，都能为船只提供稳定、安全的航行环境。

3. 水运历史悠久

南太湖水乡湖州是具有 2300 多年历史的江南水城，素有"丝绸之府""鱼米之乡""文化之邦"的美称，自古就拥有得天独厚的水网资源，是中国水运的发源地之一，春秋时代就已成为著名港埠。1895 年湖州至上海客轮通航，1900 年湖州与苏州、常州、镇江、嘉兴、上海、杭州、芜湖等地均有轮船互通。20 世纪 20—30 年代，湖州开设的轮船公司多达 32 家。

中华人民共和国成立后，为了恢复交通运输和支持工农业生产，更好地服务湖州市经济社会发展及工业项目建设，湖州港相继建设了一批以货物装卸为主的简易货主码头。自20世纪90年代开始，上海、杭州等长三角地区城市加快基础设施建设，对石子、黄沙、水泥等建材的需求量急剧增长。湖州市抓住国家投入大量资金整治京杭运河、长湖申线等航道的机遇，大力建设及改建高等级航道，形成了以京杭运河、长湖申线、杭湖锡线、东宗线、湖嘉申线为主干的高等级航道网络，港口服务能力和专业化水平明显提升。2005年，湖州港完成货物吞吐量11155万吨，首次跨入亿吨大港之列。湖州港集装箱运输也开始起步，2012年完成集装箱吞吐量4.7万标准箱（TEU）。为了改变"有量无质"的发展模式，自2013年起，湖州市在产业结构调整的基础上，开始整治矿山和小散乱码头，湖州水运加快转型发展，湖州港口也向集约化、专业化转型。湖州市在成功实现内河水运转型发展的基础上，全面开启现代化内河航运体系示范先行区创建，深化推动内河水运高质量发展，着力打造集约、高效、现代化的内河港口。2021年10月，位于湖州铁公水物流园的湖州上港集装箱码头建成开港，进一步提升了湖州港集装箱运输能力和多式联运服务水平。

湖州港建设经历了从无到有、从小到大的快速发展历程。近年来，湖州港不断改善装卸设备，增强码头的靠泊能力和吞吐能力，使货物运输集散和中转的能力不断提升，对当地经济的快速发展起到了积极的推动作用。

（三）SWOT分析——劣势

1. 设施建设有待完善

湖州的内河航道网在长三角地区占据着举足轻重的地位。由于湖州港是内河港口，码头布局较为分散，大部分规模较小。截至2021

年，全港 1000 吨级泊位仅有 17 个，而 300 吨级以下泊位占全港的 65.8%。单个泊位平均通过能力仅 20.8 万吨，泊位通过能力有待提升。港航资源集约化水平仍有提升空间。湖州港目前存在 36TEU、48TEU 和 64TEU 等多种船型。这种多样性虽然在一定程度上满足了不同的运输需求，但也给标准化管理带来了挑战。在部分航道上，由于桥梁净空和航道尺度的限制，只能通行 36TEU 船型的集装箱船。与此同时，64TEU 船型的船舶通航里程较短。这表明湖州港的船舶在载量和经济性方面还有很大的提升空间。浙北集装箱主通道、杭湖锡线、东宗线等航道的建设亟待加强。湖州港各港区以企业自备码头为主，公共码头泊位较少。随着各港区业务扩展，部分航道公共锚泊区空间、港区堆场面积和公用码头的设施不足将成为制约港口绿色低碳转型的瓶颈之一。

湖州港智能化水平仍有待提升。目前，大部分老旧码头港口的生产运营和码头管理操作系统相对落后，无法满足现代港口高效、智能化的需求。湖州港在业务办理方面仍以纸质文件为主，尚未实现港口主要作业单证的电子化和业务项目的在线办理。这种传统的业务办理方式不仅效率低下，而且容易出错，造成不必要的资源浪费。此外，虽然湖州建立了一些信息共享平台，但各部门之间的数据共享机制尚未建立，对数据资源的开发利用程度有限。智能化升级可以提高港口的运营效率和管理水平，降低运营成本，提高客户满意度，从而实现湖州港的绿色低碳发展。

2. 货种结构有待优化

湖州港以矿建材料、水泥和煤炭及制品等大宗散货运输为主，在 2011 年和 2021 年，以上 3 个货种的吞吐量之和分别占湖州港当年吞吐总量的 88.1% 和 76.1%。长期以来，低附加值的资源性货种仍然占主导地位，缺少稳定的高附加值货源，供应链的稳定性可能受到影响。低附加值的资源性货种通常价格较低，因此运输和贸易的利润空间相对较小。此外，低附加值的资源性货种较为普遍，市场竞争较为激烈。为了争夺市场份额，部分运输和贸易企业会采取低价策略，进一步压缩利润空间。与此同时，一些低附加值的资源性货种在运输过程中可能会对环境造成污染，带来的环保压力可能导致港口企业的运营成本增加。

3. 运输模式有待改善

现代物流需要高效、便捷、环保的运输方式，集装箱运输正是其中一种。自"十一五"期间实现内河集装箱运输零的突破以来，湖州港的集装箱吞吐量迅猛增长。目前，湖州港已建成运行安吉上港、长兴捷通、德清港务、长兴港务、湖州上港等多座集装箱码头，全港集装箱通过能力达 64.7 万 TEU；开通至上海港、嘉兴港、嘉兴内河港、宁波舟山港、南通港、苏州港等方向的集装箱航线。其中，内支线以至上海港的集装箱航线为主，国内航线以至上海港、嘉兴港和嘉兴内河港航线为主，内支线与国内航线集装箱运量比约为 6：4。尽管湖州港集装箱货物吞吐量增速较快，但在整体货物吞吐量中占比仍然较低，难以满足现代物流的需求，影响湖州港的竞争力和可持续发展能力，运输模式仍有待进一步改善。

4. 港口效率有待提升

湖州港的直接经济腹地是湖州市所辖的吴兴区、南浔区、南太湖新区以及长兴县、安吉县、德清县等三区三县，间接经济腹地可扩展到浙江省杭州市、嘉兴市和皖南、苏南等周边地区。腹地范围较小，且存在与其他港口重叠的现象。已有研究分析了 2010—2018 年长三角港口群的 14 个主要港口的动态效率，研究结果显示，港口发展存在不平衡现象，湖州港港口运营效率较低，存在投入拥挤和资源浪费现象[①]。从港口竞争力来看，湖州港属于低谷型港口，规模较小，投资分散，缺乏一体化的港口业务模式，且港口之间竞争激烈，导致其竞争力低下。

（四）SWOT 分析——机会

1. 政策支撑

（1）内河水运转型发展示范区

2016 年 10 月，交通运输部发布《交通运输部办公厅关于同意湖州市创建内河水运转型发展示范区的批复》，提出湖州市创建内河水运转型发展示范区要紧紧围绕国家战略，以改革创新为动力，以转型发展为目标，创新内河水运管理体制机制，不搞政策洼地，更多利用市场化手段，推动港口资源整合和结构优化，统筹优化联动互通的基础设施网络，建设便捷高效的集装箱运输系统，推进实施"智慧水运"，建设绿色循环低碳水运体系，提升内河水运安全和应急保障能力，推进建设特色临港产业发展带。

随着长三角区域一体化发展上升为国家战略，湖州市作为全国首个内河水运转型发展示范区，提出打造"枢纽门户之城"的战略目标，将湖州港定位为上海港和宁波舟山港的"桥头堡"以及长三角地区内河枢纽港。"十三五"期间，湖州市全面完成了内河水运转型发展示范区的创建工作，并积极开展示范区标准化体系建设的谋划工作。以《湖州市创建内河水运转型发展示范区实施方案》为蓝本，确定了主要建设内容，完成标准体系框架搭建、关键标准清单梳理等一系列工作，

---

① 吴晓芬，王敏，王丽洁. 基于四阶段 DEA-Malmquist 指数的长三角港口群动态效率评价 [J]. 统计与决策，2022，38（2）：184-188.

形成了"8+N"（8大体系标准，N个政策、平台和规划）示范区标准体系。"十三五"期间，湖州市编制印发《湖州市内河水运转型发展示范区标准化发展规划（2018—2022）》，累计发布《内河水运转型发展示范区建设指南》等15项湖州市地方标准，涉及生态绿色、智慧水运、政务服务、行业治理等先行示范经验成果。

未来，湖州港可以依托内河水运转型发展示范区的建设成果，积极探索和实践内河航运的创新发展路径。充分利用示范区的政策优势和资源优势，加强港口基础设施建设。通过加强与周边港口和物流园区的合作，构建高效、便捷的内河航运物流网络，推动内河航运与铁路、公路等交通方式的深度融合，实现多式联运的无缝衔接。此外，积极引进先进的航运技术和设备，推动内河航运的智能化、数字化和绿色化发展，降低运输成本并减少环境污染，为推动内河航运的绿色低碳发展做出更大的贡献。

（2）全国内河航运高质量发展

习近平总书记多次实地调研内河港口，强调要"充分发挥内河航运作用"[①]，打造"黄金水道"，为浙江在内河航运领域的发展提供了重要的指导和支持。交通运输部于2020年印发了《内河航运发展纲要》，提出了我国要在2050年全面建成现代化内河航运体系的目标，并选择浙江作为试点，希望其能够为全国的内河航运发展提供可借鉴的经验和模式。2021年，现代化内河航运体系示范省的创建被纳入《交通运输支持浙江高质量发展建设共同富裕示范区的实施意见》。

2022年，经浙江省人民政府同意，浙江省交通运输厅与浙江省发展和改革委员会联合印发《浙江省内河航道与港口布局规划》，提出到

---

① 依托区位优势 发展内河航运（记录中国）[N].人民日报，2023-05-11（02）.

2035 年，浙江将构建"三主五重二十一区"的内河港口总体布局。其中，作为布局规划第一梯队的湖州港将成为 3 个全国内河主要港口之一，成为全国内河绿色枢纽港、长三角地区集装箱运输的重要支线港，成为高质量创建现代化内河航运示范先行区的核心组成部分。

2023 年，浙江省交通强省建设领导小组组织制定了《浙江省建设现代化内河航运体系示范省实施方案》。湖州市人民政府发布了《湖州加快建设全国一流内河枢纽港实施方案（2023—2027 年）》，强调充分发挥内河航运绿色低碳比较优势和海河一体特色优势，注重与产业、城市、文化的融合，推进千吨级航道建设，大力发展海河联运和集装箱运输，深化数字赋能和信息共享，加快构建安全、便捷、高效、绿色、经济的现代化内河航运体系，更好地服务新发展格局和国家重大战略。

"十四五"期间，湖州市将加快建成一批大型内河港口项目，进一步优化港口结构。湖州港可以以此为契机，加强内河绿色低碳设施建设，深化船舶港口污染防治攻坚，优化湖州港港口布局，重点推进长兴等集装箱作业区的建设，加快临港产业转型升级，打造湖州南浔等一批特色临港产业集群，提高内河航运的运输能力和服务质量，为推动全国内河航运高质量发展作出更大的贡献。

（3）多式联运示范工程创建推进

2022 年，湖州市"对接冷链和电商供应链、联通中欧班列多式联运"示范工程成功入选交通运输部"全国第四批多式联运示范工程创建项目名单"。该示范工程依托湖州铁公水综合物流园的铁路货场和港口码头等，由顺丰速运、上港国际、唯品会等 6 家知名企业作为实施主体，总投资额高达 25.12 亿元。此外，该项工程还有望在降低货损货差、吸引更多潜在用户等方面产生间接经济效益。从节能减排的角度来看，该工程能够减少 20.57 万吨标准煤的能源消耗。这不仅有助于保护环境，还能为企业节省能源成本。同时，该示范工程还能实现二氧化碳减排 34.47 万吨，为应对气候变化作出积极贡献。

湖州港可依托该示范工程进一步优化物流体系，完善和畅通联运网络，提高运输效率，并形成五大示范效应，包括港站无缝衔接、电商班列（冷链卡班）联运服务、中欧班列"枢纽对枢纽"运营模式、多式联运信息共享平台以及"一单制"单证体系建设，为区域运输结构调整和优化提供有力支撑。工程建成投运后，可以通过"以点带面"的示范效应，实现湖州港的绿色低碳发展，为湖州市的物流业发展注入新的活力。

（4）《湖州市水运发展"十四五"规划》发布

2021 年，湖州市发布首个水运发展五年规划——《湖州市水运发展"十四五"规划》。该规划是《湖州市综合交通运输发展"十四五"规划》的子规划，科学地谋划了"十四五"期间湖州水运高质量发展的蓝图和实施路径，明确了六大主要任务，包括建设干支通达的千吨级航道网、打造港产城联动的现代化港口、构建便捷高效的运输服务体系、发展先进适用的绿色数字水运、强化水运安全和应急保障能力，以及优化提升行业的治理服务水平。同时，该规划还明确了 22 项具体任务，实施"3210"发展战略，不仅注重"量"的增长，更强调"质"的提升和可持续发展的重要性。

其中，"3"代表实施内河水运高质量发展 3.0 版本建设，其目标是基本建成现代化内河航运示范先行区。这不仅意味着传统水运的转型升级，更是对未来发展的远景规划和战略布局。"2"则代表到 2025 年，千吨级航道里程达到 200 千米。这一目标展现了湖州市提升水运能力的决心，通过建设更高等级的航道，提高水运的运输效率和承载能力。

"1"则是指到2025年，内河集装箱吞吐量较2020年翻一番，达到100万标箱，并力争达到110万标箱。这一目标凸显了湖州港在集装箱运输领域的雄心壮志，通过提升吞吐量来提高其在内河航运中的地位和影响力。"0"代表推进船舶和港口防治污染形成闭环管理，实现本辖区船舶水污染物"零入河"的目标。这一目标强调了环保和可持续发展的重要性，通过严格的污染控制和管理措施，确保水质的清洁和生态的平衡。

湖州港可以依托《湖州市水运发展"十四五"规划》，秉承生态优先、绿色发展的理念，将节约资源能源和保护生态环境置于核心地位。湖州港要不断加强港口船舶的污染防治工作，积极发展多式联运以提升运输效率，合理调整运输结构以优化碳足迹，并推广清洁能源应用。此外，湖州港还要聚焦于打造"全国一流内河强港"，为建设成为全国内河绿色低碳枢纽港奠定坚实基础。

2. 污染防治

（1）环保问题整改

2023年，湖州市交通运输局印发了《湖州市水路交通涉及生态环境有关问题大排查大整改工作方案》，汲取2022年长江经济带生态环境警示片披露的湖州市生态环境问题的教训，以案为鉴，举一反三。重点关注港口码头的违规违法行为、船舶污染物的收集处理情况、码头和服务区等单位船舶生活污水接收设施配置情况以及航道管理等方面。

截至2023年，湖州航区全面建设船舶生活垃圾分类接收设施共计337处，设立了183个船舶生活污水接收点，以及8个船舶生活污水公共接收站。此外，湖州航区还投入使用3艘油污水流动接收船和1座岸基接收站，确保船舶水污染物得到妥善处理。为加强监管，湖州航区已安装404台监控设备和3103个北斗智能终端。通过船e行和船舶北斗等防污染信息化系统，对船舶污染物在船上的储存和靠岸排放行为进行全面监控，确保所有水污染物得到妥善处理。

湖州港可以以此为契机，依托现有港区环保处理设施，根据《湖州市码头船舶污染物接收设施建设和运行管理技术指南》《湖州市船舶生活污水排放和接收积分管理办法》《内河船舶生活污水转移处置规范》等指导文件，从源头、机制上解决目前存在的生态环境问题。湖州港要积极探索并建立长效机制，通过问题整改来推动制度建设，进而提升生态环境质量，同时深入实践，不断创新，使污染防治工作真正成为一项长期、稳定的工作，为湖州港的绿色低碳发展奠定坚实基础。

（2）非法码头整治

"十三五"期间，按照"关闭淘汰一批、整治提升一批、规划建设一批"的原则，湖州市结合"五水共治""大气污染防治"等工作要求，深入推进码头整治，整治拆除码头207座。沿河码头小、散、乱现象得到进一步改善。近年来，湖州交通运输部门持续致力于码头整治工作。经过一系列的努力，码头数量已经从700多家减少到300多家，但仍然存在部分非法经营的码头。这些码头不仅违反了相关法规，也给港口经营秩序和生态环境带来了不良影响。为切实维护港口经营秩序，保护生态环境，2023年，湖州交通执法部门开展了"蓝盾2号"专项行动。这次专项行动对无证码头问题采取"零容忍"的态度，坚决打击非法经营行为。积极推动港口向专业化、集约化、规范化的方向发展，以集约绿色港口发展为导向，严格管控港口岸线资源利用，提升港口的整体竞争力。通过"蓝盾2号"专项行动，湖州交通运输部门进一步巩固了码头整治成果，为维护港口经营秩序和保护生态环境作出了积极贡献，有助于更加明确码头"生态优先、绿色发展"的导向，推动长江经济带高质量发展。

3. 航道养护

"十三五"期间，湖州港航部门认真贯彻落实《浙江省航道养护管理办法》，严格执行《浙江省内河骨干航道例行养护管理规定》，始终坚持"建养并重、突出重点、协调发展、保障畅通"的原则，不断健全和完善航道养护管理的长效机制，加大航道标准化养护的力度，以确保航道的持续畅通和高效运行。"十三五"期间，累计投入航道养护资金48582万元，其中例行养护资金9553万元、专项养护资金39029万元，养护资金投入为"十二五"期间的1.3倍。此外，湖州市还对航道基础设施进行了全面的维护和升级。

2021年，湖州市正式发布了《湖州市航道养护"十四五"发展规划》。"十四五"期间，湖州市计划投入航道养护资金高达8.48亿元，以保障航道的正常运行和运输效率的提升。此外，结合"美丽航道"创建活动和"品质工程"建设活动，湖州市加强养护科技创新，开展生态航道技术研发和推广应用。2021年，湖州市共维护航道标志2126座，维修护岸2.34万平方米，修复管理码头19座（次），清理碍航物9处，疏浚应急土方16.53万立方米，绿化养护120万平方米。湖州市全力推进航道专项养护工程，7个专项工程通过竣工验收，全市提升航道等级19.28千米，2个专项工程全部完工，3个新列项目开工建设。2023年3月，湖州市港航管理中心组织召开水运工程标准《水网地区航道生态护岸建设指南》制定项目启动会。

这一系列航道养护建设活动旨在不断提升航道公共服务水平、更好地适应水运和经济社会发展要求，对于科学开发利用和保护内河航运资源有着重要的意义。湖州港可以借此机会提升港口航道的养护水平，实现内河航运资源的可持续发展，为推动水运事业的绿色低碳发展奠定坚实基础。

4. 岸电工程建设

2017年，湖州市港航管理部门与国家电网湖州供电公司以及国网浙江综合能源服务有限公司共同签署了"绿色交通港口岸电工程"战略合作协议。这一协议的签署标志着湖州内河港口迈向"以电代油"的岸电发展阶段，为湖州的绿色交通低碳转型和可持续发展奠定了基础。同年，湖州市港航管理部门与国家电网湖州供电公司共同编制完成了《湖州市"十三五"内河港口岸电建设规划》。这一规划是国内首个专门针对内河港口岸电建设编制的规划，并被纳入地方政府专项规划。2021年，湖州市交通运输局、财政局、电力局联合出台的《湖州市港口岸电推广应用补贴实施办法》（以下简称《办法》）是全国首个地市级岸电使用财政补贴政策文件。《办法》秉承生态绿色的发展理念，明确对终端岸电用户给予50%的电费补贴，同时对公共岸电运营企业补贴20%，降低其运行维护、设备线路电量损耗等成本。截至2021年，湖州共建设港口岸电381套，基本实现航区全覆盖，数量位居浙江省首位。2022年湖州岸电使用量达115万千瓦时，位列全省内河港口首位，每年可减少燃油消耗约250吨，减排二氧化碳1104吨。

湖州市不断加强内河港口岸电建设，推动港口岸电的普及和应用，湖州港可借此机会有效提升岸电设备使用效率，为船舶靠港提供清洁、可靠的电力供应，减少燃油消耗和排放，促进水路运输的绿色低碳发展。

（五）SWOT分析——威胁

1. 经济环境多变

在全球通胀率高企、欧美持续加息、地缘政治冲突不断、贸易保护主义抬头等多重压力下，全球经济增长放缓导致外需承压加大，贸易增速下滑。这些因素导致产业链和供应链面临重构的压力，进而影响了我国的进出口增速。受外贸缺舱缺箱问题影响，湖州港外贸集装箱吞吐量有所下降。2019 年初，国家统计局湖州调查队发布的调研报告指出，中美贸易摩擦中征收关税的商品涉及湖州市的主要有三大传统产业：家具、化学品和纺织品。这些商品在美国市场的贸易额占湖州市对美出口总额的 60%，占全市出口贸易总额的 16%。美国对进口自中国的商品加征关税，短期内导致了"贸易抢跑"的现象，打乱了工厂的生产节奏，使得集装箱货物的出运频次大幅波动，进而对港口的正常运营产生了影响。

2. 岸线资源利用转型

近年来，湖州市在城市建设和临港产业开发方面取得了明显进展，经济社会环境发生了较大变化。尽管湖州市已积极实施岸线资源集约化利用策略，但各港区所在地政府出于招商引资的需要，在港区功能定位、岸线使用和码头布局等方面的管理不够精细化，可能引起"线地"矛盾。在引进港口物流和临港工业等涉岸项目的过程中，可能存在多部门多头管理的现象，影响港口岸线与陆域用地的统筹协调。

缺乏岸线使用退出机制也是当前湖州港面临的一个重要问题。由于准入门槛较低，并且没有相应的退出规定，导致大部分岸线资源处于长期被占用的状态。由于缺乏岸线使用证年检或更换等方面的规定，地方政府难以主动收回岸线并进行后续处置。这直接影响了岸线资源的有效利用和效能的充分发挥。因此，建立和完善岸线使用退出机制对于提高湖州港岸线资源的管理水平和利用效率至关重要。

3. 多种运输方式的竞争

内河水路运输成本相对较低，这是其竞争优势之一。然而，随着其他运输方式（如公路、铁路和航空运输）的发展和运输效率的提高，这一优势逐渐被削弱。随着公路和铁路运输费用逐渐降低，在浙北地区，基于发达的高速公路网络，公路运输的高效性和便捷性得以充分体现，能够提供"门到门"的运输服务；铁路运输也凸显了运量大、受气候影响较小、安全性高、持续性强和时效性有保障等优势。此外，政府对集装箱多式联运的支持政策也削弱了水路运输的价格优势，分流了部分内河集装箱运输需求。

虽然内河水路运输的船舶可以抵达一些其他运输方式无法到达的地区，但受限于河道和湖泊的分布，以及水文条件的变化，其运输效率相对较低，速度较慢。其他运输方式如公路和铁路运输则更加灵活，可以快速地在不同地区之间进行转运和分拨。在竞争加剧的情况下，内河水路运输方式的这一劣势更加明显。

（六）绿色低碳发展对策分析

1. 加强港口资源整合利用

（1）加强长三角港口群间的合作（SO 战略）

在长三角港口群中，湖州港被归类为偶见型港口。这类港口的一个特征是其位置处于水网线路的端点，导致其与不相邻的港口之间的关联性相对较弱[1]。湖州港应明确自身发展目标和功能定位，与绍兴港实现错位发展。

湖州港作为长三角港口群中相对弱势的港口之一，应当积极寻求与优势港口的合作机会。构建有效的产业承接平台，推动内河临港经济的繁荣发展，是实现港口腹地经济与集疏运综合体系良性互动的关键。在长三角地区，众多港口以地方利益为主导，还存在各自为政、

---

① 阳盈.基于生态学理论的长三角港口群竞合关系研究［D］.武汉理工大学，2020.

重复建设、同质化竞争等问题。通过与优势港口的合作，湖州港可以充分发挥自身的比较优势，稳固并拓展市场份额。通过加强航线资源、船舶运力、舱位资源、空箱资源等方面的共享与合作，可以打破地方行政壁垒，促进港口间的资源共享和合作。

各港口可以在规划、建设、运营等方面形成互补，实现资源的优化配置和高效利用。通过形成合作共赢的港口集疏运网络，湖州港能够更好地融入长三角港口群，降低物流成本，为区域经济的繁荣和绿色低碳发展作出贡献。

（2）岸线资源开发管理（WT战略）

岸线资源是港口发展的重要基石，因此，湖州港需要加强岸线前方水域和后方陆域的使用管控，确保其持续、稳定地为港口发展提供支撑。为了实现这一目标，统一协调岸线开发管理部门是关键。湖州港应该加强部门间的沟通与合作，建立涉岸线项目联合审查制度，确保岸线开发与城市规划、产业布局等相互协调、同步发展。

通过科学的规划，湖州港能够确保岸线资源的可持续利用。这意味着在湖州港的后续开发过程中，应充分考虑对生态环境的影响，避免过度开发和破坏自然环境。这不仅有助于降低环境破坏带来的额外成本，还能为港口的长远发展奠定可持续的基础。推动岸线利用走向规模化、集约化和专业化的发展路径，有助于湖州港的绿色低碳发展。

合理的岸线规划和管理还有助于促进港城协调发展。通过与城市规划部门和其他相关部门沟通与合作，港口可以更好地融入城市发展，优化周边的产业布局和交通网络。这有助于提升港口的综合服务能力和吸引力，推动港城经济的一体化发展。

（3）提高泊位利用率（WO战略）

随着腹地经济和内河航运的持续发展，运输船舶逐渐呈现标准化和大型化的趋势。在这一背景下，湖州港应积极推动货主码头向公共集装箱码头的转型发展，以适应市场需求和行业趋势。对于作业能力较高的货主码头，应鼓励其提供公共物流服务。政府可以给予一定的政策支持和引导，促使这些码头拓展业务范围，提高资源利用效率。此外，还应鼓励公共码头与货主码头、货主码头与货主码头之间开展合作经营，实现优势互补和资源共享。提高泊位利用率可以更加充分地利用港口资源，包括码头、堆场、航道等，从而降低单个泊位的运营成本，提高港口的整体经济效益；提高泊位利用率可以缩短船舶在港等待时间，减少船舶的碳排放和噪声污染，从而降低对环境的影响，有利于实现绿色低碳发展。此外，提高泊位利用率还可以提升港口的吞吐能力和服务水平，吸引更多的货源和船舶，进一步推动湖州港的绿色低碳发展。

2. 规范市场秩序（WT 战略）

部分港航企业在市场中采取低价竞争策略、通过不正当手段抢夺货源、以短期投机获利的情况，造成了湖州港局部市场的恶性竞争局面。为确保行业监管的全面性和有效性，湖州港要建立健全市场监管制度。强化对市场主体的诚信监督，推动市场主体自觉遵守行业规则。完善服务质量管理体系，提升服务水平，确保服务质量。对于不能有效维持经营资质、以不正当手段取得行政许可等行为，应加大监督检查和管理力度，维护市场秩序。相关部门也应发挥引导作用，加强行业预警监测，通过分享经验、提供市场分析和预测等方式，帮助湖州港企业更好地把握市场发展趋势，同时，倡导企业注重长期可持续发展，优化经营策略，提高核心竞争力。

湖州港既要充分尊重市场规律，依靠市场力量进行资源配置，也要发挥政府调控的积极作用。为推动船舶运力结构调整和技术进步，化解市场结构性矛盾，政府可以通过采取一系列措施加速湖州港的绿色低碳发展。例如，实施船型标准化补贴政策，鼓励船东更新旧船或使用符合标准的新船，加快船队结构优化；制定更严格的技术和安全标准，提升船舶的性能和安全性等。

3. 推广智能港口系统（WO 战略）

为了提高口岸效率，湖州港可以积极推广智能港口系统，以提升港口的信息化水平。通过实现港口运营的自动化和智能化，可以进一步优化操作环节，缩短通关时间，提高港口业务办理的效率和准确性。推广电子化单证和在线业务办理平台可以减少纸质单据的使用，简化操作流程，减少碳排放。同时，应用电子化单证还可以降低人为错误和信息失真的风险，促进港口管理的规范化，提升管理透明度。

实现码头的智能调度也是提升口岸效率的关键。通过汇集生产作业信息，可以实时掌握货物的进出港情况，合理安排装卸作业和堆存空间，提高码头的作业效率和吞吐量。智慧闸口、电子提箱、港区交通管理等功能的开发可以简化货物的进出港流程，减少车辆拥堵和等待时间，提升港口的物流效率和客户服务水平，提升港口运营效率。

建立数据共享机制是实现湖州港智能化升级的重要保障。通过打破部门之间的信息壁垒，实现数据的互联互通，可以促进信息的快速传递和共享。这有助于提高各部门之间的协作效率，降低信息传递的滞后性和误差，为港口的智能化升级提供有力支持。

持续推进数字化改革，积极推广环保技术和清洁能源，减少运输过程中的环境污染，全面提升水运行业的治理能力和服务水平。

为优化湖州市的水运环境，营造低碳绿色经营环境，并弥补现有信用评价体系在个体船舶管理上的不足，湖州港航自 2021 年下半年起，精心策划并推动了内河船舶绿色信用评价工作。船舶可以使用信用兑换点（目前由船舶绿水积分和船员学习通学习积分按照一定系数折算而成）在船员学习通线上商城兑换奖励物资。这种兑换形式旨在激励船员形成减污降碳的意识，促使他们自觉遵守排放规定，减少污染物排放，从而推动绿色低碳能源的普及应用。据预测，全航区每年可以减少碳排放量约1万吨，节约行业管理成本200多万元，节省燃油费用约2500万元。这种信用兑换机制不仅有助于提升船员环保意识，降低船舶运营成本，还有助于推动绿色低碳能源的普及应用，为建设可持续发展的水路运输行业贡献力量。

4. 创新投融资体制（ST战略）

湖州港应努力构建适合内河港口发展的融资平台，积极与各类金融机构建立合作关系，建立多元化的融资渠道，除了传统的银行贷款，还可以鼓励民间资金及市外、境外资金参与湖州港开发。

为了解决湖州市进出口箱量不平衡的问题，政府可以制定财政补贴、税收优惠等政策，降低企业的进口成本和运输成本，激励企业进一步开拓进口市场，提升回程重箱率，并降低全程物流成本，从而实现双向均衡运输。

同时，湖州市政府还可以加强与周边地区的合作，推动区域内的均衡运输发展，优化运输资源配置。企业也应积极响应政府的政策导向，加强市场调研和分析，制订科学的运输计划，并加大对先进技术和设备的投入力度，提高运输能力和效率。通过政府和企业的共同努力，湖州市的进出口箱量不平衡问题有望得到有效解决，从而实现经济的高质量发展。

5. 推进多式联运发展

（1）延伸港口服务（ST战略）

湖州作为一个经济发达、产业多元化的地区，拥有众多具有地方特色的产业。为了更好地满足这些产业的物流需求，并提升湖州港口的航运竞争力，需要积极发展符合湖州现有产业特色的专业物流。如装备工业大件物流、木地板集成物流、集装箱物流和冷链物流等。湖州港拥有湖州铁公水多式联运枢纽和上港集团物流资源集聚优势，湖州港可以依托此优势进一步优化物流体系，提高运输效率，降低物流成本。这有助于减少运输过程中的碳排放，推动港口绿色低碳发展。未来，湖州港口将发挥更加重要的作用，成为上海港和宁波舟山港延伸内陆前沿的重要内河枢纽港。

为了进一步提升湖州港的集装箱运输能力，湖州交通港航部门采取了一系列措施。积极鼓励和引导企业将物料运输从公路转为水路，这样不仅可以降低运输成本，还能减少对环境的影响。为了更好地服务企业，湖州港提供了"店小二"式的服务，确保企业在运输过程中得到及时、专业的支持。以大宗货物"公转水、散改集"的课题为依托，深入挖掘湖州内河水运的潜能，为集装箱货源腹地的拓展提供了有力支持，以此提升湖州港"公转水、散改集"运输比例，实现可持续发展的目标。

（2）完善江海联运集装箱运输体系（WO战略）

开展江海联运集装箱运输业务对于湖州港的发展至关重要。为了在这一领域取得更大的突破，湖州港可以投资建设更高标准的集装箱码头、航道和仓储设施，提高港口吞吐能力。同时，湖州港可加强与周边港口的合作，共同打造区域集装箱运输中心。有条件的港口企业应该积极主动地与上海、太仓等地的港口展开合作，推动定期班轮航线的开通。加强运输管理，提高集装箱装卸、转运和仓储效率。引入先进的信息技术，实现物流信息的实时共享，优化运输计划和调度。加强水路与铁路、公路等运输方式的衔接，完善多式联运网络，推进各种运输方式之间的顺畅转换，降低运输时间和成本。以沿江集装箱港区建设和内陆无水港布局为重点，加大市场营销力度，吸引更多的集装箱货源。加强与内陆地区的联系，拓展腹地范围，为腹地企业提供优质的物流服务，满足其运输需求。

2022 年以来，湖州市全力推进浙北高等级航道网集装箱运输通道建设工程项目，加快构建通江达海的千吨级航道网络，2022 年全年共完成投资 3.03 亿元。同时，湖州市不断拓展集装箱运输网络，持续优化集装箱航线布局，形成 11 条主要内河集装箱航线，吸引了地中海、中远海运、中外运、马士基等 20 多家远洋干线船公司入驻。湖州港作为湖州市重要的交通枢纽和物流节点，其绿色低碳发展将带动区域经济的可持续发展。

第五章

港口绿色低碳发展的国际经验与启示

在国际绿色港口的发展中，政策引导与法规制定发挥着重要作用。国际海事组织（IMO）等机构通过制定严格的环保法规，推动了港口减排技术的升级和环保基础设施的建设。同时，各种绿色港口认证和评价体系的建立为港口的绿色发展提供了明确的目标和评估标准。技术的进步是推动港口绿色发展的关键因素。从岸电技术的运用、船舶废弃物的接收处置，到货物装卸和运输的节能减排，再到建立温室气体排放清单，这些技术的应用不仅减少了港口的环境污染，也提高了港口的运营效率。此外，国际港口在综合环境管理方面的实践也为我国港口的绿色发展提供了可借鉴的经验。

通过对国际绿色港口发展经验的深入分析，本章提出了对我国港口绿色低碳发展的启示，包括注重港口绿色规划的顶层设计、加强政企合作与国际合作、使港口发展与城市规划相协调，以及引进绿色低碳技术、推进港口智能化等。这些启示对于指导我国港口实现绿色、低碳、可持续的发展具有重要的参考价值。

一、国际绿色港口发展概况

国际海事组织将建设绿色港口作为解决环境和社会可持续性问题的一种方式，许多制定规范的其他海事组织和港口环境部门也纷纷创建并推广了各种与绿色发展相关的政策、认证体系、环保基础设施建设标准、综合管理方法和评价指标体系。这些措施旨在实现港口的可持续发展，并取得了显著的效果。

（一）国际绿色港口相关政策

国际海事组织（IMO）早在 1973 年就推出了《国际防止船舶造成污染公约》（MARPOL），并制定了多项法规，以减少水运造成的污染排放。根据 IMO 海上环境保护委员会第 70 次会议（MEPC70）通过的决议，自 2020 年 1 月 1 日起，全球船舶所使用的燃油的硫含量不得超过 0.5%m/m，而在排放控制区（ECA）内则实行不超过 0.1%m/m 的规定。目前，世界上有 55 个重要港口已经作出了减少温室气体排放的承诺，并提出了世界港口气候倡议（WPCI），对于环境指数（ESI）得分高于某一阈值的船舶给予折扣。

欧盟委员会于 2011 年 9 月发布了欧盟交通白皮书，明确提出到 2050 年交通碳排放量减少 60% 的目标。该白皮书强调了海上船用燃料二氧化碳排放量减少 40% 的战略，并设定了到 2030 年和 2050 年公路货运转向铁路或水运等其他运输方式的比例。随后，欧盟委员会要求所有欧盟港口优先考虑岸电和液化天然气的可用性。荷兰鹿特丹港积极响应这一政策，实施了"里吉蒙地区空气质量行动项目"，并制定了

2020 年"清洁、环保港口"发展规划。采用低排放的能源和设备、推广清洁运输方式等措施，旨在减少港口区域污染物排放，实现空气清洁。此外，鹿特丹港还实施了一系列环保措施，以实现船舶停靠和装卸货作业的节能和减排。这些政策和措施的实施，使鹿特丹港成为全球领先的绿色港口之一，吸引了众多船舶前来停靠和转运货物。这些环保措施不仅减少了港口区域的污染物排放，改善了空气质量，还提高了港口的竞争力，使港口吸引了更多的客户和业务。

美国港务局协会（AAPA）制定了一份名为《环境管理手册》的可持续发展指南。为了减少货物运输过程中的空气污染，美国洛杉矶—长滩两港联合实施了"圣佩罗湾洁净空气行动计划"，而纽约—新泽西两港则联合实施了"洁净空气措施和港口空气管理计划"。这些计划为减少空气污染排放提供了全面的战略支持。

在澳大利亚，悉尼港实施了一项名为"绿色港口指南"的项目，该项目针对港口开发和运营的各个方面，包括材料选择、固废管理、水资源消耗、能源利用、交通、室内环境、排放物管理、土地利用等，提出了环境友好、技术可行的可持续性目标和措施。这些目标和措施旨在确保港口的运营具有可持续性。

综上，国外港口推出了一系列相关政策，并开展行动以推进港口绿色发展，改善港口环境质量，推动绿色港口建设。

（二）国际绿色港口认证与评价体系

欧美国家和地区的绿色港口发展始于 20 世纪 90 年代，当时受到关注的主要是港口环境的改善和生态保护，并以港口企业为主导。进入 21 世纪，绿色港口建设在国外得到了快速推进，相关的绿色港口认证和评价体系也随之提出。随着欧洲生态港口基金会（EcoPorts

Foundation）主导的权威绿色港口认证体系——欧洲生态港认证体系（EcoPorts）的建立，北美绿色航运协会（Green Marine）发起的绿色港口年度评估体系——北美绿色航运计划（Green Marine Environmental Program），以及亚太港口服务组织（APEC Port Services Network）制定的针对亚太港口的绿色港口评估机制——亚太绿色港口奖励计划（Green Port Award System）等绿色港口评价体系的建立，绿色港口认证和评价体系逐步完善。同时，绿色港口建设也从环境管理领域扩展到清洁能源使用、新技术应用和高效运营等领域。

1. 欧洲生态港认证体系（EcoPorts）

欧洲生态港认证体系（EcoPorts）是由欧洲多个港口管理局共同发起的项目，旨在解决港口环境问题，目前在绿色港口评价中具有重要影响力。该体系向全球开放，提供自我评估和港口环境审查两种评估方案，共有 103 家港口会员，其中 31 个港口已通过港口环境审查认证，包括鹿特丹港和伦敦港等。

在欧洲生态港认证体系（EcoPorts）出现之前，国际上的生态港口管理系统认证主要包括 ISO9001（质量管理）、ISO14001（环境管理）和 OHSAS18001（职业健康与安全管理）三个认证体系，它们涵盖了港口运营的质量、环境、安全与健康情况，包括硬件设备、人员以及环境保护等各个层面。然而，这些认证体系并非专为港口设计。欧美地区真正具有权威性并专门用于绿色港口认证的体系是由欧盟生态港基金会（EPF）主导的欧洲生态港认证机制。该机制包含两个系统：自我诊断方法（SDM）和港口环境审查系统（PERS）。这两个系统均得到欧洲海港组织（ESPO）的支持，并被北美航运组织认可。

欧洲生态港认证体系的关注重点随着全球环保形势的变化而不断更新。2016 年的十大关注重点包括空气质量、能源消耗、噪声、社区影响、港口固体废物、船舶废物、土地开发、水环境质量、粉尘和疏浚影响。2018 年度的十大关注重点则更新为空气质量、能源消耗、噪声、社区影响、土地开发、气候变化、疏浚影响和港口固体废物等，如表 5-1 所示。

表 5-1　EcoPorts 评价体系（2018 年）

项目	内容
环境管理指标	环境管理体系认证
	环境政策
	环境政策对 ESPO 指导文件的响应
	环境立法清单
	重大环境因素清单
	环境改善目标和指标
	港口雇员环境培训计划
	环境监测方案
	关键人员环境责任备案
	公开的环境报告
环境监测指标	垃圾、能源消耗、水质、水耗量、噪声、沉积物质量、碳足迹、海洋生态系统、土壤质量、陆地生境
十大环境优先事项	空气质量、能源消耗、噪声、社区影响、土地开发、生物多样性、气候变化、水资源管理、疏浚影响、港口固体废物
绿色船舶（航运）	岸电使用情况
	LNG 技术推广使用情况
	旨在鼓励船舶使用清洁能源的收费制度

2. 北美绿色航运计划（GMEP）

北美绿色航运协会（GM）于 2007 年提出北美绿色航运计划（GMEP）。该计划主要针对北美的港口企业、港航企业和造船企业等，提供评价指标供企业按类型选择自评。如果每两年接受一次北美绿色航运协会审查员的外部验证并通过，企业就可以获得绿色航运认证。截至 2021 年，参与北美绿色航运计划认证的企业已经增加到 164 家，其中包括洛杉矶港的 TraPac 码头，其评价指标体系如表 5-2 所示。

GMEP 体系提供了一个评估框架，以减少航运业对环境的影响。参与这个项目的企业需要针对特定的环境评价指标，持续进行改进，以保持绿色港口认证的许可状态。参与 GMEP 认证的港口需要完成年度自我评估，并根据评估结果确定不同水平分级。对于不同类型的航运企业，开展认证的关注重点有所不同。例如，一级是符合绿色航运的基本指导原则；二级是在系统中使用了一定数量的最先进的绿色港口建设技术；三级是全面引进最先进的绿色港口建设技术经验，并将环境影响控制在较低水平；四级是引进并应用新技术；五级则是卓越的绿色港口建设领军者。

表 5-2 GMEP 评价指标体系

评价指标	项目参与者	
	船东	港口码头
水生生物物种入侵	√	—
货物残余	√	—
社区影响	—	√
干散货装卸和储存污染	—	√
环境保护意识	—	√
固体废物处置	√	—
温室气体排放	√	—
含油污水	√	—

续表

评价指标	项目参与者	
	船东	港口码头
大气污染物 NO_x	√	—
大气污染物 SO_x 和 PM	√	—
泄漏等环境风险防控	—	√

3. 亚太绿色港口奖励计划（GPAS）

亚太绿色港口奖励计划（GPAS）是由亚太港口服务组织（APSN）制定的一项针对亚太港口的绿色港口评估机制，主要从建设绿色港口的意愿、行动和效果三个方面对亚太港口进行评价。截至 2023 年，共有 53 个港口获得亚太绿色港口奖励计划认证，其评价指标体系如表 5-3 所示。

该计划旨在为亚太地区的绿色港口发展提供全面、科学、合理和系统的指导，引导并激励亚太港口走绿色可持续发展之路。评价体系重点关注申请单位建设绿色港口的承诺和意愿、行动和实施情况以及实施效率和效果等。GPAS 于 2016 年正式实施，在建设绿色港口方面取得显著进展的港口，运营时间不少于两年，即可申请加入GPAS。

表 5-3 亚太绿色港口奖励计划评价体系评估指标

一级指标		二级指标	
名称	权重	名称	权重
承诺和意愿	25%	绿色港口发展意识和意愿	60%
		绿色港口宣传和推广	40%
行动计划和实施	50%	清洁能源	15%
		节能措施	30%

续表

一级指标		二级指标	
名称	权重	名称	权重
行动和实施	50%	环保措施	40%
		绿色管理	15%
效率和效果	25%	节能表现	40%
		环保表现	60%

（三）港口准入政策

国外部分港口制定了相关准入政策，保障港口的环境安全。

一是设立船舶环境指数（ESI）。港口可以用船舶环境指数（ESI）作为评价指标，通过网络进行评估，以奖励那些在环保性能标准上表现优异的船舶运营商，并鼓励他们实现清洁环保的运营。为获得这些奖励，船舶公司需要实现减排技术的升级，如使用更清洁的燃料和发动机，从而减少船舶的空气污染物排放量，使其低于国际海事组织（IMO）的规定。符合条件的船舶能够获得港口停泊、引航费用减免或奖金等奖励。以不来梅港（Bremen）为例，自 2012 年以来，具有 ESI 评分的船舶抵达数量占总抵达船舶数量的比例从 2012 年的约 10% 增加到 2017 年的近 40%。同时，二氧化碳排放量从 2011 年的 7000 吨下降到 2016 年的 2065 吨。除了 ESI，不来梅港还执行了《欧盟硫含量指令》。该项法律规定自 2016 年起，船舶在特定区域只能使用含硫量最高为 0.1%m/m 的燃料。据估计，所有停靠不来梅港的船舶排放的颗粒物从 2012 年的约 180mg/BRZ 降至 2015 年的 21mg/BRZ，而同期的二氧化硫排放量从 1.74g/BRZ 降至 0.22g/BRZ。

二是签订特许权协议。保证环境可持续性是向希望在港口运营的公司授予特许权的一项重要要求，旨在解决废物、能源使用和减排等各种环境问题。例如，港口当局在码头租赁协议期间对二氧化碳排放量设定上限，可以激励港口运营商通过创新手段达到环保目标。

三是收取港口费。船舶、卡车和承运商等在使用港口基础设施时需要支付一定的费用。这些费用涉及采用奖励或惩罚性措施，以遵循污染者付费原则来促进环境保护。

（四）国际港口绿色发展技术应用

一是岸电技术的应用。岸电是指通过风能、水力、太阳能等可再生能源提供岸边电力，使船舶在停靠港口时可以关闭船上的柴油发电机和辅助发电系统。此技术的首要目标是协助港口当局减少港口区域船舶的温室气体排放对气候的影响。以不来梅港为例，该港口已经安装了18个岸上电源连接器，确保停泊在港口的船舶能够使用来自内陆的清洁能源供电。

二是船舶废弃物接收处置设施的应用。提供港口接收设施以应对海洋垃圾等污染是一项关键的绿色港口建设措施。发展港口废物接收设施使港口经营者能够接收或收集各种形式的船舶废物，包括垃圾、含油污泥以及船上产生的其他形式的废物。此外，这些设施还允许港口当局收集船舶废水（压载水），避免将其直接排放到港口水域从而引入入侵物种。例如，西非的特马港（Tema）与环境服务公司合作，接收并按照《国际防止船舶造成污染公约》的规定处理船舶废物。含油废物的处理副产品还可以作为燃料出售。

三是货物装卸和运输节能减排。将承运商、混合动力车辆、拖车、叉车和起重机等使用的燃料由柴油转换为生物燃料等可再生能源。同时，采用自动化和无纸化系统以改变港口的运营和管理方式。鹿特丹港（Rotterdam）等港口管理机构对货物装卸卡车设定了严格的标准。在部分港口，卡车和其他车辆必须遵守硫燃料限制以减少污染物排放。为了降低从港口到内陆的货物运输对卡车的依赖及其相关污染物的排放和交通拥堵问题，许多港口，特别是欧洲的港口，正在寻求采用多式联运方案。

四是编制温室气体排放清单。对能源和燃料使用以及港口其他温室气体排放活动进行结构化清单的编制。通过监测和测量，这份清单将有助于港口当局提高能源利用效率或调整运营方式。编制排放清单，必须具备现状基线数据，而大多数港口可能缺乏这些数据。由于编制过程较为复杂，且需要专业知识和技能，部分港口可能无法编制温室气体清单。以荷兰的鹿特丹港为例，该港口通过与高校和研究机构合作，设立专门的工作小组，致力于基线数据的收集和分析。他们不仅关注能源和燃料的使用情况，还对港口的运营活动进行全面的碳排放评估。

（五）国际现行综合环境管理系统

基于国际公认的环境管理标准的环境管理系统（EMS）已被推广为优先使用的绿色港口综合管理方法之一。港口可以利用这一系统详细阐述其环境政策目标，运营环境规范及法律要求，以及对策方案和举措。

在港口或其他地点建立自然补偿缓解场地，目的是在港口建设不可避免产生影响的情况下使其他地方的自然环境恢复原状，这也是有效的综合管理办法之一。这些地点旨在补偿遭到破坏的生态系统以及为动植物提供栖息地。例如，《欧盟生境指令》是欧盟生物多样性政策的重要支柱之一，为保护动植物群提供了具有约束力的法律框架。以不来梅港为例，该港口的自然补偿点位于港口南部的不来梅哈芬，占地约1.4公顷，可以为各种鸟类、植物和野生动物提供栖息地，已成为德国国家自然保护区。

其他综合管理方法还包括设立专门负责处理环境问题的部门，对工作人员进行技能培训，使他们具备应对环境管理新趋势的能力；以及在执行环境政策时与港口利益攸关方采用协作机制等。例如西非的阿比让港（Abidjan）、拉各斯港（Lagos）和特马港都指定了负责环境管理的工作人员。阿比让港于2004年成立了环境部，负责制定年度环境目标和设定管理程序。特马港2002年成立了环境部门，负责管理港口的环境问题。拉各斯港也采取了类似的措施，设立了专门负责环境问题的部门，并指定了经验丰富的工作人员来处理环境问题。同时，拉各斯港也加强了对工作人员的技能培训，以便他们能够更好地应对环境管理的新形势。在执行环境政策时，拉各斯港与利益攸关方（如当地政府、企业、社区等）采用协作机制，共同推进环境保护工作。

二、国际典型港口绿色低碳发展实践

国际海事组织（IMO）进一步要求船舶减少 CO_2 等温室气体排放，全球港口都加快对节能环保技术与绿色清洁能源的探索，加大港口自身的减排力度，为适应船舶减少碳排放技术的应用，港口岸电设施和液化天然气（LNG）、氢能源也逐步进入港口的视野。本书以鹿特丹港、新加坡港、洛杉矶港和釜山港等世界著名港口为例，介绍国外港口绿色发展实践与战略。

（一）鹿特丹港

作为欧洲第一大港，鹿特丹港于 2004 年加入欧洲生态港口认证体系，成为该体系的长期会员，并已 5 次通过该体系的港口环境审查认证。鹿特丹港的目标是：到 2030 年实现二氧化碳排放量减少约 55%，到 2050 年实现碳中和。为此鹿特丹港务局制定了以效率和基础设施、新型能源系统、新型原材料和燃料系统、可持续物流链为四大支柱的可持续发展战略。鹿特丹港积极推动绿色能源转型，应对气候变化。鹿特丹港的建筑和基础设施都遵循了环保节能设计原则，以减少对环境的影响。目前港口正在采取措施落实《巴黎气候协定》要求。鹿特丹港在推动能源转型，促进绿色港口发展方面的主要技术进展如下。

一是致力于推动碳捕获和碳封存技术的发展，通过固碳减排积极应对气候变化。鹿特丹港的 Porthos 项目是一个创新性的实践，它将收集鹿特丹港区内工业企业产生的二氧化碳，然后运输并储存在北海海底空置的气田中。该项目将铺设大量的管道和电缆，利用二氧化碳的余热为港区附近的住宅建筑和商业建筑供暖。通过这种方式，每年能够捕获约 250 万吨二氧化碳，并永久封存。二氧化碳封存已成为工业界为实现荷兰气候目标作出贡献的重要途径。Porthos 项目预计于 2026 年开始运行。

二是利用循环经济模式提高资源能源利用效率，推动港口绿色发展。减少二氧化碳排放、有效利用资源和废弃物是港口管理机构的重要使命。鹿特丹港务局在港口工业园区积极引入创新型企业，以推动循环经济模式赋能港口绿色发展。例如，WarmtelinQ 项目将鹿特丹港多余的热量输送到海牙，并为家庭和企业提供供暖的地下管道。目前，该管道正在建设中。此外，鹿特丹港务局还积极引入回收利用类企业，如引导雀巢、壳牌等知名企业投资建设生物燃料工厂，打造欧洲规模最大的生物燃料产业集群，生产可持续航空燃料，以更有效地利用资源和减少废弃物排放。这些举措为港口绿色发展注入了新的动力，并展示了循环经济模式在推动可持续发展方面的巨大潜力。

三是推动港口电气化。目前，鹿特丹港正在开发用于航运的岸电设施。使用岸电不仅可以减少二氧化碳排放，还可以减少氮氧化物和颗粒物的排放，停靠船舶的噪声水平也能显著下降。此外，还可以利用集装箱电池，使内河船舶电动化运行。

四是开发氢能源，减少碳排放。对于能源密集型行业来说，如化工和炼油产业，氢能源是一种有效的可再生天然气替代品。有鉴于此，预计未来西北欧对氢气的需求量将显著增长。鹿特丹港正与多个国家和地区开展项目合作，旨在启动氢气进口业务。鹿特丹港务局设想将鹿特丹港建设成为西北欧氢气进口、生产分配和使用的国际枢纽以及重要的能源港口，并得到了政府的支持。鹿特丹港将建成欧洲最大的绿色氢气工厂，即氢气 1 号绿氢厂，这座 200 兆瓦的电解槽设施计划从 2025 年起每天生产 60 吨可再生氢气；同时聚集研发和制造氢燃料电池和氢能源卡车的企业，以布局运输、生产制造、应用等全产业链，从而将鹿特丹港打造成为欧洲的氢能枢纽。鹿特丹港于 2023 年已开工修建一条 32 千米长的专用氢气管道——HyTransPor。这条管道将是氢能网络的起点，从 2030 年起将连接荷兰和周边国家（如德国和比利时）的主要工业区。

五是保护港口生态系统，促进自然生态和谐。鹿特丹港务局已将自然和生物多样性发展纳入其 2030 年港口发展愿景，以保护鹿特丹港独特的生态系统，包括在港区开发和基础设施建设过程中，以自然为设计理念，考虑植物、动物与人类活动之间的平衡；对港区未开发地开展生态管理和监测，防范物种入侵；鼓励建造绿色屋顶，为当地物种提供庇护。

（二）新加坡港

新加坡港是全球最繁忙的港口、世界最大的物流枢纽及全球最大的燃油供应港，自 2011 年以来投资 1 亿新币实施为期五年的海事倡议，包括绿色船舶、港口、科技、意识和能源五项激励计划。2017 年，新加坡海事局投资 1200 万新币资助 LNG 船舶建造和使用，并与壳牌公司共同研发清洁燃料技术，以推动港口绿色化发展。

新加坡港作为全球领先的枢纽港和国际海事中心，已五次成功通过亚太绿色港口奖励计划认证。为达到 2030 年碳排放量比 2005 年减少 60% 的目标，并在 2050 年实现零碳排放，新加坡海事及港务管理局在 2011 年推出绿色海运计划的基础上，于 2022 年发布《新加坡海运脱碳蓝图：迈向 2050 年》，详细阐述了在港口码头、船舶、船用燃料油和基础设施、船级社、国际组织、研发和人才培养等多个领域展开的低碳行动计划。

一是利用自动化和数字化技术，积极构建智慧—绿色融合的未来港口。为实现低碳发展，新加坡港采用清洁能源，并在自动化和数字化技术的支持下，全面推动港口设施的电气化。此外，新加坡港还要求港口辅助作业船舶逐步采用清洁能源、发展绿色建筑、扩展光伏发电等。为进一步优化能源效率，新加坡港还采取了一系列其他措施，例如缩短船舶和车辆在港作业时间以减少废气排放，采用智能车队系统优化车辆行驶路线以实现生态驾驶，以及采用港口智能电网和智慧能源系统检测港口设备的能源使用效率并根据不同电力需求选择最优能源组合。

二是新加坡海事及港务管理局积极集聚人才和技术项目，致力于成为全球低碳海运研发枢纽。新加坡海事及港务管理局承诺为海运脱碳研发活动提供 8000 万美元资金支持，在 5 年内催生约 20 个技术项目，培训逾 100 名研究人员、科学家和工程师[①]。PIER71™ 社区是初创企业孵化器，另设风险投资基金提供资金支持。此外，新加坡的高等院校和研究中心等通过推动尖端技术研发来丰富海事创新生态系统。例如，新加坡南洋理工大学下设海洋能源与可持续发展卓越中心，开展全球领先的可持续海事能源转化研究；美国船级社、挪威船级社等均在新加坡设立知识中心，推动海运脱碳。各类行业参与者针对能源电气化、减排措施创新、未来海洋燃料开发等多领域开展研发合作。

三是构建绿色融资生态系统，发展绿色海事金融中心。新加坡海事及港务管理局和新加坡金融管理局采取一系列措施促进新加坡港口发展。这些措施包括：新加坡海事及港务管理局联合新加坡交易所制

---

① 张娜. 国外绿色港口发展战略及对上海港的启示［J］. 集装箱化，2023，34（5）：1–5.

定碳排放核算和报告指南，实现碳排放核算方法标准化，为航运企业绿色融资提供支持；新加坡金融管理局推出绿色和可持续发展相关贷款补助计划，用于支付航运企业因申请绿色贷款而发生的咨询费用；与技术研发企业合作，建立绿色航运数据生态系统，帮助投资者衡量航运企业的碳减排能力；与银行合作开发碳交易市场 Climate Impact X，探索海运领域的碳交易。通过广泛合作，新加坡港口的竞争力得以增强。

（三）洛杉矶港

自 2006 年与长滩港联合实施"清洁空气行动计划"（*Clean Air Action Plan*）以来，洛杉矶港在环境管理方面被公认为全球领导者。该行动计划于 2017 年进行了更新，其提出的目标是：到 2030 年，港口的温室气体排放量比 1990 年减少 40%；到 2050 年，港口的温室气体排放量比 1990 年减少 80%。为此，"洁净空气行动计划"提出清洁车辆和设备技术及燃料、货运基础设施投资与规划、供应链效率、能源资源规划等四大策略。

一是制定污染物排放清单，打造绿色低碳港口。洛杉矶港制定科学合理的大气污染物排放清单，定期公布空气质量报告和减排评估报告。针对船舶、卡车、火车、码头作业船舶和货物装卸设备等污染源，该港口制定单项计划，主要措施包括鼓励船舶使用岸电、实施船舶减速计划和绿色船舶激励计划等，以减少船舶碳排放量；实施清洁卡车计划，通过技术创新和差别费率等手段，鼓励车队使用零排放和接近零排放的卡车；与铁路运营商和技术开发商合作研发零排放和接近零排放的铁路机车技术；为港口作业船舶安装洗涤器，或要求港口作业船舶使用清洁燃料；推动货物装卸设备电气化，降低港口碳排放量。

二是为实现港口码头的高效能和低碳环保，该港口同时关注标准和技术的运用。通过实施先进能源和环境设计认证计划，鼓励港口企业关注环境可持续性，从而实现节能减排的目标。利用数字化信息技术手段也是提高全供应链效率的途径。例如，开发港口信息门户网站，连接货主、船公司和海关等各方数据，提高供应链的可预测性和可靠性；整合港口卡车预约系统，将卡车进入港区的作业时间缩短至 1 小时，进一步提高港口的运作效率。通过以上措施，实现港口码头高效运作，同时降低碳排放，达到节能减排的目的。

三是广泛开展合作，成为减排的领导者。广泛寻求技术合作，在港口、监管机构和行业合作伙伴之间发起技术进步计划，为有前景的减排技术研发和示范应用提供资助，重点包括船舶零排放、货物装卸设备零排放、卡车零排放和货运效率提高等技术研发。与其他利益相关方开展国际合作，加入 C40 绿色港口论坛、国际港口协会等国际港口组织，共同应对全球气候变化危机并分享先进经验。

（四）釜山港

釜山港位于韩国东南部，是重要的国际贸易港口。为了响应全球减少碳排放的号召，釜山港采取了优化能源结构、提高能效、加强合作等措施。通过使用清洁能源、更新设备、优化流程等手段，釜山港在降低能源消耗和减少碳排放方面取得了显著成效。同时，釜山港还积极分享经验和实践心得，进一步推动了全球绿色港口的发展。釜山港制定了多项节能降碳政策、推广使用减排技术，以推进港口绿色发展，主要包括以下四个方面。

一是制定多种减排政策，积极改善港口的空气质量。为促进釜山港和地区社会的和谐共生，釜山港湾公社（BPA）实施了《釜山港大气环境改善推进战略（2021—2025）》，计划到 2025 年将釜山港的雾霾

（PM2.5）减少 70%。这一目标比韩国海洋水产部制定的《第一次港口区域空气质量改善综合计划》中提出的"到 2025 年为止，韩国国内港口雾霾的直接排放量减少 60%"的目标更为严格①。

二是采用环保燃料和岸电设施，推动节能降碳。釜山港广泛使用环保燃料，不仅应用于港口内部的运输和装卸设备，也应用于外部运输车辆。釜山港集装箱集散站内的场内牵引、岸边及场内牵引机的燃料将计划转换为绿色 LNG 能源，从外部向码头运送集装箱的集卡所使用的燃料油也预计将阶段性地转换为绿色能源。此外，为积极应对船用燃料油内硫含量限制（0.5%m/m 以下）和环保能源政策变化，釜山港还将积极推进液化天然气加注工程，在建设相关基础设施的同时，持续引入岸电设备（AMP），以改善港口大气质量。

三是推进氢能源港口建设。港口是船舶和货车的聚集地，便于氢气的进口、储藏和生产。如果氢燃料船舶、氢燃料货车等氢气的运输方式增多，将激活氢能源经济活力，港口将成为氢的主要消费地。因此，韩国海洋水产部在"打造引领世界环保、氢能源港生态系统"的规划下，制定了"氢能源港口建设方案"，旨在到 2040 年建成 14 个氢能源港口，每年通过港口供应 1300 万吨氢气②。此外，韩国企业参与意向较高的蔚山港、光阳港、釜山港、平泽·唐津港、群山港等 5 个港口将推进"氢能源港口先行项目"。釜山港将构建氢燃料生产和供应体系，以满足以氢为燃料的船舶和货车的需求。釜山港与液化天然气加注码头开发相结合建设氢气生产设施，并计划在 2030 年之前建立为船舶、货车生产的氢气燃料及供应体系。除上述 5 个港口的先行项目以外，韩国海洋水产部还将探讨韩国所有的贸易港口向氢气港口调整

①② 金亨根，姬佳慧．釜山港发展规划及对中韩港口的启示 [J]．中国港口，2022（3）：21–26.

的可能性，并制定包含具体选址和基础设施开发计划等在内的《氢能源港口基本规划》。

四是加快港口智能化和自动化建设。韩国正处于港口自动化、智能化技术开发的实证阶段，釜山新港的部分码头只在堆场设有半自动化运营系统。釜山港以 2022 年运营的码头为对象制定引进自动化岸边起重机（C/C）等计划。因此，韩国海洋水产部为顺利引进"全领域自动化港口"，正在推进"港口自动化试验台构建工程"。同时，韩国政府计划打造适用于韩国智能自动化技术的全自动化码头。在此基础上，釜山港正以示范运营的区块链基础平台的标准化及效率化为契机，扩大提供高质量的服务，并利用物联网（IoT）和人工智能（AI）技术实时收集和分析港口内所有作业和物流数据，开发体现最优的物流流程和安全作业环境的智能港口系统。

三、国际经验对我国港口绿色低碳发展的启示

国际上有很多港口绿色发展的成功案例，这些经验可以为我国港口绿色发展提供重要的启示。

（一）注重港口绿色规划的顶层设计

在进行港口顶层设计时要注重环境保护和可持续发展。国际上一些先进的港口在规划阶段就充分考虑了环境保护和可持续发展的要求，采用了绿色建筑和基础设施，应用太阳能和风能等可再生能源，减少用水量和废物产生。这些措施有助于减少对环境的影响，提高港口的可持续竞争力。

鹿特丹港、新加坡港和洛杉矶港均制定了长期的绿色建设专项规划，以路线图和具体项目为支撑，数据翔实且内容全面。目前，我国绿色港口建设作为一项系统工程亟须相关规划指导，绿色港口建设标准和机制有待健全，资金和技术等方面的支持还不能满足需求。尽管已有部分发展报告涵盖绿色港口相关内容，但内容较为零散，难以形成完整的体系，并且数据统计工作有待完善，需要建立碳排放核算体系，设计科学合理的碳排放量统计方案。

因此，制定符合实际、科学合理的绿色港口发展规划是实现港口可持续发展的关键措施。专项规划的出台能够展现管理者的决心，并为绿色港口建设提供行动指引。建议启动全方位绿色港口建设课题研究，在绿色港口发展规划的制定过程中，要充分发挥高等院校、研究中心等智库的力量，对国外相关领域的先进技术和经验开展系统性研

究，并对低碳技术、绿色能源、碳排放核算等重点领域开展深入研究。

（二）加强政企合作与国际合作

我国绿色港口建设起步较晚，自上而下的顺畅机制还有待形成，行业利益相关方之间的协作也需进一步加强。推动港口绿色发展，需要政府、企业和公众的共同参与。国际上一些先进的港口在绿色发展过程中，成功实现了政府、企业和公众的共同参与。政府出台了相关政策和法规作为指导，企业积极采取环保措施，推进技术创新，公众也积极参与并进行监督。这种共同参与的模式有效推动了港口的绿色发展和社会可持续发展。

在绿色港口建设过程中，鹿特丹港积极争取荷兰乃至欧洲其他国家政府的支持，新加坡海事及港务管理局与新加坡金融管理局等机构紧密配合，洛杉矶港与州政府共同参与。相比之下，我国绿色港口建设在获取国家行业主管部门和地方政府相关部门的支持方面仍有提升空间。我们需要更高层级的战略指导和更完善的支持政策。此外，我国的绿色港口建设大多以港口企业为主体，与航运企业、物流企业、物流辅助企业、金融企业等行业参与者的合作有待加强。

因此，港口企业在发挥主观能动性的同时，应加强与国家行业主管部门和地方政府相关部门的联系和沟通，积极争取各级财政对港口规划的支持，并主动参与制定国家级和地方级绿色交通发展规划以及节能减排相关法规和标准。此外，港口企业还应该加强与国际组织、航运企业、物流企业以及其他港口运营商等利益相关方的合作，积极参与行业研讨、绿色航运国际标准制定、绿色航运走廊建设等绿色航运实践。这些措施可有力推动我国绿色港口建设，实现可持续发展目标。

（三）港口发展要与城市规划相协调

国际上一些先进的港口将港口发展与城市发展相结合，实现港城一体化发展。这可以促进城市经济发展和环境保护的协调发展，提高港口的综合效益。因此，港口绿色发展与城市规划密切相关。

港口绿色发展与城市的生态环境保护有着密切的关系。港口作为物流的重要节点，在运营过程中，可能会对周边环境产生一定的影响，例如排放污染物、产生噪声等。因此，在城市规划中需要充分考虑对港口生态环境的保护，并采取相应措施尽量减少其对环境的影响。比如，在港口规划阶段就要考虑如何合理布局，减少对水域生态环境的破坏；在运营过程中也要加强对污染物排放的控制，减少对大气、水域环境的污染。

港口绿色发展与城市的资源利用密切相关。港口作为物流的重要节点，在运输、装卸等方面需要大量的能源和资源，在城市规划中需要充分考虑如何合理利用资源，提高资源利用效率。例如，在港口规划中应推广使用节能环保的技术和设备，减少能源消耗和资源浪费；在运营过程中则应推广使用清洁能源和再生能源，减少对传统能源的依赖。

港口绿色发展与城市的交通物流有着密切的关系。港口作为全球贸易和物流的重要节点，在运营过程中需要庞大的运输和物流支持，因此城市规划中需要充分考虑如何合理规划交通物流网络，以提升物流效率和服务质量。在港口规划中，应该注重交通物流网络的优化，以实现更高效的运输。这包括对港口内的道路、铁路、水路等运输方式的合理布局，以及各种运输方式与城市交通系统的有机衔接。通过优化交通物流网络，可以减少运输时间和成本，提高港口的竞争力。同时，推广应用智能物流技术也是提升物流效率和服务质量的重要手段。应用物联网、大数据、人工智能等技术，可以实现物流信息的实时采集、分析和处理，优化运输路径和调度方案，提高物流各环节运作的准确性和效率。

港口绿色发展与城市的经济发展密切相关。港口作为城市经济发展的重要支撑，其运营和发展对城市的经济发展具有重要的促进作用。在城市规划中需要合理规划港口经济如何发展，以促进城市经济的可持续发展。例如，在港口规划中应考虑发展绿色经济和循环经济，提高港口的经济效益和社会效益；在运营过程中应加强与周边产业的合作和联动，促进产业协同发展。

港口绿色发展与社会进步密切相关。港口的运营和发展对城市的社会进步具有重要的促进作用。在城市规划中需要合理规划港口的社会服务效能，提高城市的社会福利和公共服务水平。例如，在港口规划中应考虑建设完善的公共服务设施和基础设施，提高城市居民的生活质量；在运营过程中应加强企业文化建设和社会责任承担，促进社会和谐发展。

总之，港口绿色发展与城市规划的关系涉及生态环境保护、资源利用、交通物流、经济发展和社会进步等多个方面。在城市规划中需要充分考虑这些因素，采取相应的措施促进港口绿色发展和城市可持续发展。

（四）引进绿色低碳技术，推进港口智能化

港口管理中需要采取必要的环保措施和先进的技术。国际上部分港口已经采用了先进的环保措施和技术，例如空气质量监测、船舶污染控制、废弃物回收利用等。这些措施可以减少污染物排放和资源浪费，提高港口的环保水平。

在绿色港口建设过程中，鹿特丹港积极发展氢能产业，新加坡港集聚了低碳研发企业。绿色港口建设主要关注港口污染防治和环境管理，对低碳产业的发展重视程度有待提升，仅依靠港口企业对低碳技术的投入难以支撑低碳企业的发展。因此，建议政府通过政策激励、财政投入等手段来推动港口绿色低碳产业的发展。

在这个过程中，港口企业应当与各行业参与者加强交流与合作，充分融入低碳产业的发展大局。例如，与能源供应商合作，提高清洁能源的使用比例；与环保技术供应商合作，采用智能设备动态监测港内船舶、集卡、驳船等作业设备的碳排放量；与银行等金融机构合作，发展绿色金融，为港口低碳项目争取资金支持，共同探索碳排放交易体系。

港口绿色发展与港口智能化紧密相连。全球一些主要的港口，例如鹿特丹港、汉堡港、洛杉矶港、厦门港、青岛港、上海港和广州港等，都实现了自动化运营，并主要集中在这些港口运营全自动化码头。这些主要港口正在以此为基础，推动智能化的进一步发展。

总的来说，国际港口绿色发展经验对于我国港口的绿色发展具有重要的启示作用。我国可以借鉴并采纳先进的管理经验和技术手段，结合实际情况，推动港口的绿色发展，为经济发展和环境保护作出更大的贡献。

第六章

我国港口绿色低碳发展的建议

我国港口作为国民经济的重要基础设施和对外开放的门户，其绿色低碳发展不仅关乎国家生态文明建设大局，也是实现经济高质量发展和构建新发展格局的关键一环。本章结合相关政策法规要求，从政策规划、运输结构、能源利用、资源节约、生态保护等多个维度出发，深入剖析当前港口绿色低碳发展中面临的机遇与挑战，并提出切实可行的建议措施，旨在汇集港口绿色低碳发展的前沿理念与实践智慧，为我国港口绿色低碳转型提供系统性、前瞻性的策略指引。

一、统筹完善港口绿色低碳发展的政策与规划

在"十四五"规划的关键时期，我国生态文明建设聚焦于降碳减排的战略方向，致力于减污降碳的协同增效，推动经济社会全面绿色转型，力求实现生态环境质量由量到质的飞跃。同时，交通运输行业正加速向建设交通强国、实现高质量发展的目标迈进。在全球经济蓬勃发展与国际贸易交流日益紧密的背景下，港口作为全球经济贸易的关键节点和区域经济发展的核心枢纽，其地位愈加凸显，成为现代经济社会不可或缺的基础设施和战略资源。因此，绿色低碳港口的发展已成为交通运输可持续发展的重要一环。

对有效推动港口绿色低碳发展来说，政策与标准的制定是关键驱动力。在深入贯彻《交通强国建设纲要》《国家综合立体交通网规划纲要》《绿色交通"十四五"发展规划》等顶层设计的基础上，应紧密结合长三角、珠三角、环渤海等地区港口的实际发展状况、自然条件及产业结构特点，量身打造符合地方需求的绿色港口政策与标准体系，并配套详尽的技术指导，确保监管部门执法有据，环保责任主体能够精准施策，促进区域内港口绿色发展水平协同提升。

为实现港口的良性、可持续发展，需将绿色发展理念深度融入港口发展规划的各个环节，前瞻布局，奠定坚实的绿色基础。具体措施包括以下几点。

一是优化港口空间布局，强化区域协同绿色发展。在规划初期就明确港口的功能定位，促进港口与周边城乡及产业园区的深度融合，整合防污、清污、治污资源，提升区域环保与污染防治的连贯性和整

体性。科学划分港口建设区域，合理规划空间布局，借鉴国内外先进经验，避免重复建设与资源浪费，确保港口发展的长远性与可持续性。

二是推动运输结构转型升级，加快综合立体交通网建设。将水运纳入地方综合立体交通网体系，充分发挥其长距离、大运量、低能耗的优势，促进水、公、铁等多种运输方式的无缝衔接与高效协同。完善港口集疏运体系，强化基础设施建设，推动多式联运在港口作业中的广泛应用，降低运输能耗并减少污染物排放。

三是加强港口智能化升级，发挥科技减污降碳效能。推动港口向规模化、自动化、信息化方向发展，广泛应用新能源与新技术，实现港口作业场景的无人化改造与全过程监测监管。构建绿色、集约、高效的港口作业体系，提升港口运营效率和环保水平。

四是加强港口排污治污管理，规范绿色发展路径。确保港口布局规划与国土空间规划相协调，充分考虑地方资源环境承载能力，维护生态空间完整性与生态保护红线要求。设定港口节能减排的约束性指标，对新建港口提出严格的环保设施建设要求，并分阶段推进已建港口环保设施的改造升级，共同推动区域环境保护能力的全面提升。

二、运输结构调整

国家已经明确出台政策措施推动大宗货物和中长距离货物运输向铁路和水路转移，并设定了具体的可量化指标，包括铁路进港率、铁水联运量增长率和重点区域的绿色运输比例等。与公路运输相比，水路运输和铁路运输在减少碳排放和大气污染物排放方面具有显著的优势。运输结构调整有利于降低交通运输领域的整体能耗和碳排放。"十四五"期间，应进一步加大运输结构调整的工作力度，以适应不同货物的运输需求，构建更为合理的综合运输服务格局。同时，要围绕高质量发展的主线，推动江海、海河、海铁的联动发展，构建更为完善的港口多式联运体系，提升现代航运的发展水平，培育高品质的水上客运服务，以促进水上的交旅融合发展。

（一）利用水运优势，推动运输结构调整

积极推进运输结构调整，发展多式联运（如铁水联运等）、江海联运、江海直达、水水中转等运输组织方式。加快推进疏港铁路及工矿企业铁路专用线、管道或封闭管廊建设，尽快解决"最后一公里"衔接不畅问题，大幅提高沿海港口煤炭、矿石、焦炭、钢材、石油等大宗货物，以及煤炭、钢铁、电力、汽车制造等行业企业大宗货物采用铁路运输、水运等绿色运输方式的比例，绿色运输比例力争达到75%以上。

水路运输在节能环保方面具有明显的优势，国家已出台相关政策大力支持"公转水""水水中转"运输。应统筹江海直达和江海联运发

展，积极推进干散货、集装箱采用江海直达运输方式，逐步提高"水水"中转货运量。港口应从服务社会转型的角度调整优化运输结构、提高"水水中转"的集疏运比例。目前，一些大型港口积极发展"水水中转"运输。2020 年，上海港集装箱"水水中转"比例达到 51.6%；2022 年 4 月，上海港"水水中转"比例达到 65%。此外，发展水路运输还需要进一步提高水路运输的服务质量，提升水路运输的便捷性。

综上，水路运输涉及多个部门，须在区域内或跨区域统筹规划、布局。应进一步加大"散改集"的力度，提高运输的环保性和便捷性。解决制约多式联运过程中的"门到门"运输瓶颈问题，提高综合运输效率和运输环保性。解决铁水联运不同环节之间转运、衔接、效率等方面的问题，加强"一单制"的应用推广，实现货物运输"一次委托、一次付费、一单到底"，降低供应链成本、提高综合运输物流时效。

（二）加快推进多式联运发展

鼓励港口与铁路、航运等企业加强合作，统筹布局内陆港和组合港，深入推进铁水联运发展，典型港口集装箱铁水联运量占吞吐量的比例力争达到 10% 以上。加快多式联运示范工程建设，集装箱多式联运量大幅增长。推广集装化运输，有效推进"散改集"业务发展。加快畅通重要航道等运输通道，补齐内河航运短板，提升内河航运干支联动能力，加快推进配套工程项目建设。鼓励长三角、珠三角等港口群加强合作，提高"水水中转"比例，推进干散货、集装箱江海直达运输发展。加强港口与城市、临港产业、物流园区规划衔接与融合发展，完善港口周边企业集疏运通道、物流园区管道、封闭廊道等运输网络。

（三）积极推进运输结构调整示范区建设

深化京津冀及周边地区运输结构调整示范区建设，降低环渤海港口矿石公路疏港比例和钢铁、电力、焦化等行业煤炭公路运输比例。探索推进长三角、珠三角地区铁水联运示范区建设，大幅提高沿海港口集装箱铁水联运量占吞吐量的比例，支撑长三角和粤港澳大湾区环境质量持续改善。建议相关管理部门组织实施交通运输结构性碳减排工程，加强港口资源整合，鼓励货运企业将货物"散改集"，探索推广"公＋铁＋水"协同联运模式，依靠创新驱动加快运输结构转变，着力解决大宗货物"公转铁、公转水"的约束性问题。中长距离运输可优先考虑采用铁路运输、水路运输，短距离运输可优先使用新能源车辆。

（四）完善财税支持政策，优化营商环境

推动中央或地方财政列支运输结构调整专项资金，形成"财政适度补贴，铁路适度降价，货主适度承担"的模式，推动形成合理比价关系。加大铁路专用线建设支持力度，研究出台中央或地方财政资金支持物流园区和工矿企业铁路专用线建设政策。清理规范相关收费，营造公平的市场环境。

港口水路运输和铁路运输在中长距离、大宗货物运输上具有比较优势，建议进一步系统分析港口作业费、船舶运输费、铁路运价下浮和相关补贴政策的合理性，开展多情景下各种运输方式综合运输成本的优化分析和路径研究，通过降低港口水路和铁路运费，进一步提高港口水路运输和铁路运输在价格方面的比较优势。

（五）加强对企业运输结构调整成效的监管

将工矿企业、港口企业、铁路企业等主体落实运输结构调整的工作情况作为环保督察和相关综合督查的重点内容之一，定期开展督导考核，并完善激励惩罚机制，对未完成目标任务的地方和企业进行督促，对超额完成目标任务的企业给予环境税减免、贷款优惠等奖励。

三、推进能源转型与低碳技术应用

有效控制和减少港口碳排放对于实现我国港口清洁低碳发展具有重大意义。根据我国港口清洁低碳发展现状，结合《2030 年前碳达峰行动方案》提出的主要目标与任务，港口应积极推广清洁能源和低碳技术，减少对传统能源的依赖，降低碳排放量。例如，利用太阳能、风能等可再生能源保障港口电力供应；采用电动车辆和智能停车系统，减少车辆非必要碳排放；使用液化天然气（LNG）等清洁能源为船舶提供动力。优化港口基础设施用能结构，探索多样化能源供应，提高非化石能源消费比重。鼓励应用光伏发电、风光互补供电、太阳能供热供电和空气源热泵供热系统等新能源技术，加快推进太阳能、风能、LNG 等清洁能源在港口的应用；加强光伏发电等技术在水上服务区的应用，以降低水上服务区的能耗。港作机械和运输装备优先使用电能、天然气、氢能等清洁能源，并配备足够的供电、加气配套设施。通过新建、改造，确保使用电能和液化天然气、氢能等清洁能源的港作机械和车船数量占比不低于 60%。具体路径如下所述。

（一）推动港口机械电能替代技术应用

推动港口机械电能替代技术应用是实现碳达峰、碳中和目标的重要途径之一。由电能替代传统燃料，可以显著减少港口机械的大气污染物排放和碳排放。电能替代已成为我国能源转型的必然趋势。为了实现碳中和目标，港口需要采取一系列措施。

首先，通过使用风能、太阳能等可再生能源供电，实现真正的零碳排放。其次，通过使用市电，逐步实现港口机械基本电气化，减少二氧化碳排放。在此基础上，通过植树、碳捕捉和集存等方式进行碳排放抵消，实现零碳排放。此外，还需要在港口结构调整、运输结构优化、能效提升、减污降碳协同增效等方面实现突破。通过集约节约发展，实现低碳排放、零碳排放，推动港口可持续发展。因此，需要积极推广电能替代技术，提高港口机械的电气化水平，降低碳排放量。同时，加强与相关部门的合作，共同推进港口碳中和目标的实现。

电能驱动的港口机械主要有两种类型。第一种是相对固定运行的港口大型起重机械，例如岸边集装箱起重机和轨道式集装箱门式起重机等，主要以电能作为动力来源。第二种是将以燃油（主要是柴油）为动力来源的港口流动机械替换为电动港口流动机械，例如集卡、空箱堆高机、集装箱正面吊运机、装载机和自卸车等。这是实现碳达峰、碳中和目标的重要途径之一。这些电动港口流动机械使用电能作为动力来源，可以显著减少碳排放和大气污染物排放。通过推广电能替代技术，提高港口机械的电气化水平，降低碳排放，是实现港口碳中和目标的关键措施之一。在未来的发展中，电能驱动的港口机械的普及水平将得到提升，成为推动港口可持续发展的重要力量。

根据国家相关政策，近期实现"近零碳港口"的首要任务是建设"全电"港口。为了实现港口机械的全部电气化，需要实现港口属地的无烟化、零排放。远期建设并实现"零碳港口"，在港口机械电气化的基础上，需要实现全部使用风力发电、光伏发电产生或通过绿电交易购买的绿电。同时，在"近零碳港口"和"零碳港口"建设过程中，也需要考虑能效提升、运输结构调整等相关节能低碳技术的推广与应用。因此，港口机械电能替代是建设"近零碳港口"和"零碳港口"的重要内容。随着锂电池等动力蓄电池技术、永磁电机等高效电机技术的发展，电动港口流动机械的价格会越来越低，预计电动港口流动机械成本很快就会与燃油港口流动机械基本相当，电动港口流动机械将得到广泛推广和应用。为了加速这一进程，建议引进大数据、云计算、物联网、人工智能、5G、新能源、新材料等前沿智慧科技，调整能源结构，优化装卸工艺，提升设备效能，创新节能降碳技术，形成可借鉴的技术经验。同时，积极探索建立港口碳排放统计、核算、评估、考核以及碳交易体系，形成可复制、可借鉴、可推广的"近零碳港口"建设、运营经验。

除了实施港口全部电气化方案，还可以采取以下措施。优化港口基础设施用能结构，探索多样化能源供应，提高非化石能源消费比重。鼓励应用光伏发电、风光互补供电系统、太阳能供热供电和空气源热泵供热系统等新能源技术，加快推进太阳能、风能、液化天然气等清洁能源在港口的应用。加强光伏等技术在水上服务区的应用，降低水上服务区能耗。港作机械和运输装备优先使用电能、天然气、氢能等清洁能源，并配备足够的供电、加气等配套设施。通过新建、改造，实现使用电能和液化天然气、氢能等清洁能源的港作机械和车船数量的占比不低于60%。

综上所述，清洁燃料液化天然气在海港中的应用前景广阔。在将液化天然气作为海港供应能源之一的同时，港口特别是海港依托天然地理优势，可将包括风能、太阳能、海洋能和地热能在内的可再生能源作为自身能源供应源，或将其转换为氢能来限制温室气体排放，实现港口综合能源系统绿色可持续发展。这些措施将有助于推动港口实现碳中和目标，促进港口的可持续发展。

（二）鼓励发展清洁能源船舶

在船舶"绿色化"方面，我国积极推动新能源、清洁能源在内河航运领域的应用。一方面，积极发展绿色动力技术，如液化天然气动力、电池动力、甲醇动力、氢动力、氨动力等；另一方面，着力构建绿色产业生态，如完善船舶运营配套设备、商业模式、政策法规监管体系、安全质量管理体系等。新能源、清洁能源船舶的发展不仅有助于降低碳排放量，保护生态环境，还能推动内河航运的高质量发展。

为实现船舶"绿色化"目标，我们需要从以下方面进行研究和推广。第一，应加强对相关技术应用的引导，建议研究出台清洁能源船舶财政补贴等配套政策，完善相关标准规范。例如，针对液化天然气（LNG）船舶，应建立船用 LNG 保供保价机制，确保新能源船舶能够稳定、可靠地使用 LNG 作为动力来源，降低 LNG 船舶运营成本，提高其市场竞争力。为满足新能源船舶需求，应当加强基础设施建设，比如加快建设 LNG 加注站和电池充换电站等。在电池动力船舶建设方面，建立统一的电池标准体系，推行标准化换电运营模式，并通过以点带面、先行先试的做法，带动行业全面发展。

第二，加快老旧船舶更新改造，发展电动、液化天然气动力船舶产业，推动电动、氢能等清洁能源与新能源动力船舶的技术进步，鼓励长江干线、环渤海、长三角、珠三角等区域开展沿海、内河绿色智能船舶示范应用。因地制宜地在港区适当发展风电、光伏等新能源发电模式，解决换电港口电网电力、功率不足的问题，助力新能源、清洁能源船舶在降低碳排放、保护生态环境等方面发挥重要作用。

（三）加强岸电设施建设利用

开展港口基础设施绿色化提升改造行动，有序推进岸电、配套电网、加注（气）站、加氢站等基础设施建设。在建设过程中，须严格落实新建码头和船舶应同步建设岸电设施的要求，加快对现有码头岸电设施的改造。进一步提高主要港口的五类专业化泊位以及长江干线、西江航运干线 2000 吨级以上码头（油气化工码头除外）的岸电覆盖率，完善供受电机制，支持港口企业参与市场化购电，并制定岸电收费指导政策。严格执行港口和船舶岸电管理办法，鼓励地方出台配套支持政策，以提高岸电的使用比例。这些措施将有助于推动港口实现绿色可持续发展，促进港口的健康有序发展。

（四）探索引进"碳捕捉"技术

"碳捕捉"技术，即二氧化碳捕集、利用与封存（Carbon Capture, Utilization and Storage，CCUS）技术，是固碳技术的新兴手段，作为应对全球气候变化的关键技术之一，为碳减排提供了一种重要解决方案。

温室气体（Greenhouse Gas）导致气候变暖这一事实已经受到国际社会的广泛关注。《京都议定书》中认定的 6 种温室气体为：二氧化碳（CO_2）、甲烷（CH_4）、氧化亚氮（N_2O）、氢氟碳化合物（HFCs）、全氟碳化合物（PFCs）、六氟化硫（SF_6）。其中，CO_2 在总的温室气体中含量最多，对全球升温的"贡献"占比也最大，所以控制 CO_2 的排放成为重中之重，温室气体排放因此也被统称为碳排放。国际能源署预测，21 世纪末要实现全球气温升幅控制在 2℃ 以内的目标，9% 的碳减排需要依靠 CCUS 技术；实现全球气温升幅 1.5℃ 以内的目标，32% 的碳减排需要依靠 CCUS 技术。预计到 2050 年，CCUS 技术将贡献约 14% 的二氧化碳减排量。全球气候变暖问题日益严重，CCUS 技术被视为最有发展前景的解决方法之一。目前，这一技术面临的最大困境在于成本太高，将化石能源产生的二氧化碳进行燃烧后捕捉的成本约为 40 美元 / 吨。

1. 碳捕集技术

碳捕集技术是对碳排放源排出的二氧化碳进行分离回收和利用，是减少碳排放量的有效方法。碳捕集的方法根据捕集的不同阶段可以分为燃烧前捕集、纯氧燃烧捕集和燃烧后捕集。目前应用最多的碳捕集技术是燃烧后脱除技术，主要有吸附分离法、膜法、吸附分离法和低温蒸馏法等。港口可以研究和应用各种碳捕集技术，如化学吸收法、物理吸收法、膜分离法以及化学链分离法等。这些技术适用于不同的场景，需要根据实际情况选择适合的捕集方法。

2. 碳封存技术

碳封存技术是将二氧化碳（CO_2）进行储存和固定，也叫碳储存、碳清除。碳封存技术主要分为地质封存和海洋封存。从应用范围看，地质封存应用较广，技术较为成熟；海洋封存技术仍有待完善，成本较高，但潜力巨大。

地质封存一般是将液态或超临界状态（气、液混合）的 CO_2 注入特定深度（一般为 800 米以下）及特定地质条件的地层中，实现其与大气的隔绝。封存地点包括旧油气田、难开采煤层、深部咸水层等地层。其中，深部咸水层在我国陆地和海洋分布广泛，封存潜力较大。

海洋封存的基本原理是利用海洋庞大的水体以及 CO_2 在水中较高的溶解度，让海洋成为一个封存 CO_2 的大容器。常见的方案是，在指定地点将高压液化的 CO_2 通过管道注入 1000 米以下的深海。高压使 CO_2 主要以液态的形式存在，大量 CO_2 在这里将与大气隔绝，可封存若干个世纪。

3. 碳利用技术

CO_2 常见的使用方式多种多样，比如食品行业、制冷行业以及灭火器材中都应用了不同形式的 CO_2。除传统的使用方式之外，二氧化碳气驱强化采油技术（CO_2-EOR 技术）以及合成化工产品是 CO_2 的另外两个主要应用方向。CO_2-EOR 技术通过把捕集来的 CO_2 注入油田，从枯竭的油田中再次采出石油，将 CO_2 封存在地下。该技术驱油成本低，采收率提升明显，已成为世界上提升油气采收率的首选技术。此外，CO_2 作为化工原料可以合成多种化工产品，如甲醇、甲烷、尿素、碳酸氢铵、聚氨酯、碳纤维等。

（五）智能能源管理与控制技术研究与应用

现有能源的应用研究正朝着智能控制技术方向展开，主要包括智能电网、能源管理和物联网技术。在多区域能源互联、虚拟电厂以及区块链联合参与海港运行的情况下，智能技术是实现海港多能互补协同优化运行的重要载体。例如，智能电网借助数字技术提升电力系统运行稳定性和可靠性，并为电力用户提供更为理想的运行环境，从而实现电网可持续发展目标。斯德哥尔摩皇家港在 2009 年召开的"2030 无化石能源港口"会议中，明确要求智能电网技术在海港中应用。大西洋条约协会尼格里亚教授讨论了使用智能电网保护海港的关键应用基础设施的作用，并认为智能电网系统对保护港口免受破坏性网络攻击至关重要。新加坡裕廊港开发的智能电网方法可使用可再生能源和储能系统满足当地的能源需求。

能源管理部门的主要目的是在不影响效率或质量的情况下，尽量降低能源价格，并减小能源对环境的影响。海港能源管理系统侧重于寻找智能、高效、安全、经济的解决方案。新加坡南洋理工大学拉姆教授调查了能源管理对海港的影响，发现海港环境管理系统会对港口和周围社区的经济发展和环境质量产生影响。罗马大学帕里斯教授指出，智能能源管理系统的应用将有助于优化港口的能源使用。同时，绩效考核指标作为能源管理的重要基础，现已在哥德堡港、意大利港等港口中得到推广应用。物联网技术作为一种全新的信息技术，利用无线传感器网络促进有用数据的可信交换，其在海港活动中的应用由瓦伦西亚大学萨拉比亚教授团队提出，通过开发海港数据空间可有效改善海港部门的决策过程。

在海港电气化改革、多能流融合以及用能和储能设备复杂多样化趋势下，以海港多区域能源互联、虚拟电厂、区块链以及智能管控技术为基础的智能港口优化管理方案的应用将有效实现储能系统与港区间的多能互补和协同优化运行，在综合提升海港能效水平、保证海港安全稳定运行的同时，推动其绿色低碳可持续发展，助力海洋"双碳"目标的早日实现。

四、加强资源节约集约利用

资源循环利用技术是指通过采用先进的技术手段和设备，对废弃物进行再利用和资源化利用。例如，采用废弃物分选、回收、再利用等技术，实现废弃物的资源化；加强污水处理、垃圾焚烧等资源化利用技术的应用，提高资源利用效率。

（一）强化水资源节约和循环利用

生活用水设备须满足节水型产品的要求，包括节水龙头、节水马桶等节水器具。同时，应利用非传统水源进行冲厕、绿化灌溉、道路洒水抑尘、流动机械冲洗等作业，以节约水资源。

对于港口码头排水系统，应进行升级改造，确保污水处理系统处置率达到100%。力争实现生产生活污水、雨污水的循环利用率不低于30%。对于建有污水处理设施的码头，应确保处置后的生产废水、生活污水回用率达到80%。港区应积极推进生产生活污水、雨污水的循环利用，提高水资源的利用效率。建立完善的水资源管理体系，加强水资源监测和统计，及时发现和解决水资源浪费问题。

此外，还应加强水资源保护，防止水污染和水资源浪费。对于港区内的企业，应严格执行水污染排放标准；限制高污染产业的发展；推广清洁生产技术和废水处理技术。

总之，强化水资源节约和循环利用是实现水资源可持续利用的关键措施。在港区建设和运营过程中，应注重水资源的节约和循环利用，提高水资源的利用效率，为建设资源节约型和环境友好型的港口作出贡献。

（二）推进固废等其他资源的节约再利用

积极落实疏浚土、污泥综合利用以及废旧轮胎翻新再利用、集装箱翻新再利用等措施，力争将港口施工或生产产生的废弃物综合利用率提高20%。

港口疏浚对保障航道和港口水域的通航、维护港口设施、提高港口竞争力等方面具有重要意义，亟待开展疏浚物资源化利用的应用型技术研究，制定并完善相应的指导政策，建立并完善疏浚物资源化利用的监管体系，并开展试点示范工作。例如荷兰的鹿特丹，该城市在治理水污染方面取得了显著成效，其中包括采用疏浚物再利用的方法。鹿特丹对河道疏浚出的污泥进行无害化处理，然后将其用作农业和园林绿化的肥料，实现了疏浚物的高效再利用。此外，鹿特丹还采用了生态疏浚的方法，通过减少疏浚量来促进自然水体生态系统的恢复。这种方法旨在通过维持水体自然形态、植被和生态系统，实现水体生态平衡和改善水质的目的。这些方法的应用，不仅提高了鹿特丹城市的生态环境质量，还为其节省了大量治理成本。同时，这也为我们提供了一个很好的范例，展示了将疏浚物转化为可用资源并进行高效再利用的可能性。

因此，采用生态疏浚方法，全面提升疏浚物的资源化利用效率，发展循环经济，将在"十四五"时期对"无废城市"的建设起到推动作用，同时对于"美丽海湾"的保护与建设、海洋经济的高质量发展、污染防治攻坚战的深入开展以及可持续发展战略的实施具有深远的意义。

（三）合理有序开发港口岸线资源

随着全球贸易和物流需求的持续增长，港口作为全球供应链的重要节点，其发展对于区域经济和国际贸易具有重要意义。然而，港口的开发与建设面临的挑战也不容忽视。其中，如何合理有序地开发港口岸线资源成为关键问题。

港口岸线资源具有稀缺性，其供给有限而需求却持续增长。为了缓解这一矛盾，需要通过规划引领，统领各港的功能布局，平衡港口货物资源。以新加坡为例，作为一个典型的海港城市，新加坡通过制定全面的港口规划，实现了不同港区之间的功能互补和协同发展。为了提高港口的竞争力和适应能力，新加坡还注重加强技术创新和信息化建设，推动港口向智能化、绿色化方向发展。

在规划过程中，持续加强港口规划环境影响评价与国土空间规划中的"三区三线"①的早期互动是十分必要的。这有助于科学合理地利用岸线资源，促进航道、锚地共享共用，整合码头资源，鼓励发展集约化、专业化港口。以荷兰的鹿特丹港为例，该港口在开发建设过程中，注重环境保护和资源利用的平衡。通过与国土空间规划的早期互动，鹿特丹港实现了对岸线资源的科学合理利用，同时注重环境保护和生态修复。这种做法不仅提高了港口的竞争力，也为其可持续发展奠定了基础。

为了实现港口岸线资源的合理有序开发，除制定科学合理的规划外，还需要平衡货物资源的分配。这可以通过加强区域合作、协调各港的运行管理来实现。例如，可以推动不同港口之间的战略合作，建立港口联盟或共同体，实现资源共享和优势互补。同时，也可以通过制定公平合理的收费标准和管理规定来规范各港的运营管理，确保货物资源的公平分配和有效利用。

---

① 三区三线：城镇空间、农业空间、生态空间三种类型的国土空间和分别对应划定的城镇开发边界、永久基本农田保护红线、生态保护红线三条控制线。

此外，为了提高港口的适应能力和竞争力，还需要不断加强技术创新和信息化建设的投入。例如，可以引进先进的装卸设备、自动化码头等高科技手段来提高港口的作业效率和服务质量；同时也可以通过信息化手段来提高港口的智能化水平，实现港口与供应链上下游企业的信息共享和协同运作。

总之，合理有序开发港口岸线资源是港口建设与发展的重要保障。这需要我们在制定科学合理的规划、加强区域合作和协调管理、推进技术创新和信息化建设等多方面付出努力，以实现港口的可持续发展，为区域经济做出更大的贡献。

（四）坚持节能环保创新引领

随着全球环境问题的日益严重，港口的绿色发展已成为行业关注的焦点。为实现可持续发展，港口需要采取一系列节能环保措施，并积极推动科技创新，以引领未来的绿色发展方向。

首先，港口需要加快科技创新成果转化为实际应用的进程。以新加坡港为例，新加坡港利用先进的技术和设备，不断提高港口的能源利用效率和环境保护水平。新加坡港采用了智能化的装卸设备、自动化码头等高科技手段，显著提高了港口的作业效率和服务质量。同时，新加坡港还积极推动新能源、清洁能源的开发和应用，如利用太阳能、风能等清洁能源为港口提供部分电力供应。这些举措为新加坡港的可持续发展提供了强有力的支持。

其次，港口需要加大节能环保新技术的研发力度。以荷兰的鹿特丹港为例，该港口在节能环保新技术研发方面取得了显著成果。鹿特丹港积极探索将循环经济理念应用于港口生产过程中，成功实现了资源的节约利用和废弃物的回收再利用。通过采用高效节水技术和设备，鹿特丹港成功降低了港口的用水量，并实现了废水处理和再利用的目标。这些新技术和新理念的引入为鹿特丹港的绿色发展提供了有力支撑。

再次，港口需要积极推进绿色发展和资源节约利用。以美国洛杉矶港为例，该港口在绿色发展和资源节约利用方面具有典型性。洛杉矶港通过优化设计和规划，合理利用土地资源、水资源等自然资源，成功降低了港口的能源消耗和碳排放量。洛杉矶港推广集装箱"门到门"运输方式，显著减少了运输环节和能源消耗；同时，采用了高效节水技术和设备，降低了港口的用水量。这些举措为洛杉矶港的可持续发展提供了重要保障。

最后，港口需要加强与国内外相关企业和研究机构的合作与交流。以我国深圳港为例，该港口在绿色发展方面积极推动与国内外相关企业和研究机构的合作与交流。深圳港通过合作研发、技术转让等方式，成功引进了先进的节能环保技术和经验，提升了自身的绿色发展水平。同时，深圳港也通过与其他港口的交流合作，分享了宝贵的经验和成果，共同推动全球港口的绿色发展进程。

总之，坚持节能环保创新引领是港口绿色发展的重要保障。只有积极推动科技创新和应用、加强节能环保技术的研发和推广、合理利用资源并加强合作与交流，才能够实现港口的可持续发展并为区域经济作出更大的贡献。

五、加强生态保护与修复技术创新与应用

生态修复技术是指采用先进的技术手段和设备，对受损的生态系统进行修复和重建。例如，采用土壤修复、水体治理、植被恢复等技术，恢复生态系统的功能；加强生态保护和生态建设，提高生态系统的稳定性和抗逆性。

（一）推进港口航道的生态修复和生态补偿技术应用

引导有条件的港口开展陆域、水域生态修复。推广施工生态保护、疏浚土综合利用、人工鱼巢等技术应用，推进生态护岸建设工程，鼓励具备条件的航道开展绿化养护工作，提升高等级航道的生态化水平。开展航道两岸生态环境保护和景观升级工作，打造绿色水运廊道。在生态敏感区的河流和湖泊水域优先采用对生态影响较小的航道整治技术与施工工艺。推动实施绿色港口示范工程、绿色航道示范工程，在环渤海、长三角、珠三角等港区和航道全面推广应用滩涂湿地恢复、生境营造、增殖放流等生态修复和生态补偿技术。针对码头建设和运营产生的环境影响，采用生态护岸、增殖放流等措施，开展陆域或水域生态修复。

（二）加快建设港口（港区）外围生态屏障

港口（港区）外围设置生态缓冲屏障，可以减少港口作业造成的生态压力。优化港口（港区）景观布置，实施绿化工程，实施港区绿化工程，深入开展"见缝插绿，见空补绿"工作，扩大绿化面积和提

升港区林木蓄积量，确保港区可绿化区域绿化率即港内绿化面积占可绿化面积的比例不低于95%。

（三）推进港口景观建设

推动货物堆码、苫盖实现标准化、规范化；车辆和流动机械定置化摆放，工作车辆与生产流动机械分置摆放；定期清洁港口设备设施；确保港区环境达到"四无六净"[①]要求。港口可绿化区域绿化率力争达到95%。促进筒仓、围墙、主要建（构）筑物、大型岸壁机械等主要立面景观效果提升。

（四）持续推进生态修复技术创新

加快科技研发与创新，持续扩展科技创新成果转化为实际应用的范围，持续增加节能环保新技术、新设备、新材料、新工艺、新标准等方面的有效供给，促进交通与自然和谐发展，为加快建设绿色港口提供有力支撑。

（五）有序增加沿海生态绿化空间，通过生态廊道串联滨海绿化

精准提升区域造林绿化水平和森林质量。在堤防和滩涂地区营建生态林、观赏林和经济林带，全面推进森林抚育工作，提高林地生态维护功能，加大生物资源养护和景观提升改造力度，推动中心生态涵养区和重要生态功能区建设，筑牢自然生态防护屏障，构筑绿色生态廊道。持续加强对港口外围红树林的保护与修复工作，发挥红树林防风消浪、促淤保滩、固岸护堤、沉降污染、固碳储碳的天然"海岸卫

---

① "四无六净"，即无白色污染、无烟头纸屑、无瓜果皮核、无垃圾污染物，路面净、道牙净、收水口净、便道净、树坑净、墙根净。

士"作用，对营造和保护红树林蓝碳生态系统，实现碳达峰、碳中和
目标具有重要意义。

（六）深化港口绿色低碳发展末端监管

末端监管是实现港口绿色低碳发展的关键一步，健全的监管体系
以及先进的监管技术有利于港口绿色低碳发展规划布局、政策法规、
技术应用切实发挥作用。

一是健全监管体系，强化环境监管能力。搭建监管部门联动平台，
建立联合监管机制，分清权责，各司其职，形成监管闭环。

二是明确监管任务，把牢环境保护方向。监管部门应掌握辖区内
环保责任主体经营活动及环境保护、污染治理情况，根据其具体环境
保护措施和与管理要求的差距制定环保任务清单，督促环保责任主体
限期整改，实现环境保护常态化管理，切实落实地方环境管理要求，
走稳港口绿色低碳发展的关键一步。

三是利用现代化手段为港口环境监管赋能。利用粉尘、噪声等在
线监测系统实时监测港口污染物排放情况，集中化管理，提高监管部
门的监管效率，培养企业自主节能减排意识。利用遥感监测、大数据
分析等技术手段对船舶污染进行监管，实现精准监测、有效约束。建
立船舶污染物协同治理信息平台，在线办理船舶污染物接收、转运、
处置业务，确保流程清晰可循，提高船舶污染物处置效率。高效的监
管手段能够将监管情况及时反馈给港口船舶，缩短港口船舶环保措施
的优化周期，实现监管部门与环保责任主体良性互动，加快港口绿色
低碳发展。

参 考 文 献

［1］Abood K A. Sustainable and Green Ports：Application of Sustainability Principles to Port Development and Operation［J］. 2007.

［2］Duan X，Xu X，Feng J. Research of the evaluation indeicsystem of green port based on analysis approach of attribute coordinate［C］//IFIP TC 12 international conference on intelligence science，F，2017.

［3］Peris-Mora E，Orejas J M D，Subirats A，et al. Development of a system of indicators for sustainable port management［J］. Marine pollution bulletin，2005（12）：50.

［4］Rong-Her C，Le-Hui L，Shih-Chan T. Evaluation of Green Port Factors and Performance：A Fuzzy AHP Analysis［J］. Mathematical Problems in Engineering，2014，2014：1-12.

［5］Wiegmans B W，Louw E. Changing port-city relations at Amsterdam：A new phase at the interface？［J］. Journal of Transport Geography，2011，19.

［6］Yang Y C，Chang W M. Impacts of electric rubber-tired gantries on green port performance［J］. Research in Transportation Business & Management，2013，8.

［7］丁金学. 新时代我国港产城融合发展问题、形势与建议［J］. 当代经济管理，2023，45（12）：74-80.

［8］黄晗，莫东序，程婉静. 基于ANP模型的绿色港口竞争力评

价［J］.技术经济，2017，36（2）：117-122.

［9］姜乾之，戴跃华，李鲁.全球城市群演化视角下长三角港口群协同发展战略［J］.科学发展，2019（5）：55-63.

［10］金亨根，姬佳慧.釜山港发展规划及对中韩港口的启示［J］.中国港口，2022（3）：21-26.

［11］李晓光.基于SWOT法分析宁波舟山港口经济圈一体化发展战略［J］.进出口经理人，2016（5）：21-22.

［12］李志青.以政策、创新和投资促进绿色发展——诺奖得主（美）威廉·诺德豪斯《绿色经济学》书评［J］.新金融，2022（10）：62-63.

［13］刘翠莲，郁斠兰.论我国绿色港口建设［J］.武汉理工大学学报（社会科学版），2011，24（3）：328-331.

［14］欧阳斌，王琳.中国绿色港口发展战略研究［J］.中国港湾建设，2014（4）：66-73.

［15］欧阳斌，王琳，黄敬东，等.绿色低碳港口评价指标体系研究与应用［J］.水运工程，2015（4）：73-80.

［16］潘家华，庄贵阳，郑艳，等.低碳经济的概念辨识及核心要素分析［J］.国际经济评论，2010（4）：88-101+5.

［17］邵超峰，鞠美庭，何迎，等.基于DPSIR模型的生态港口指标体系研究［J］.海洋环境科学，2009，28（3）：333-337.

［18］王新玉.低碳发展与循环发展、绿色发展的关系研究［J］.生态经济，2014，30（9）：39-44.

［19］吴晓芬，王敏，王丽洁.基于四阶段DEA-Malmquist指数的长三角港口群动态效率评价［J］.统计与决策，2022（2）：184-188.

［20］徐超波.绿色发展视角下的宁波舟山港港口效率评价［J］.

水运管理，2022，44（2）：8-10.

［21］杨庆.2018年中美贸易摩擦形势分析及未来展望［J］.湖北经济学院学报，2018，16（6）：27-32.

［22］阳盈.基于生态学理论的长三角港口群竞合关系研究［D］.武汉理工大学，2020.

［23］殷缶，梅深."十二五"期间我国将加快建立低碳交通运输体系［J］.水道港口，2010，31（2）：147.

［24］余景良，王正祥，邹鹏高，等.港口项目综合质量模糊评价［J］.广州航海学院学报，2007，15（1）：22-25.

［25］张惠茗，王杰.港口低碳化发展存在的问题及评价指标体系构建［J］中国水运，2020（11）：59-61.

［26］张娜.国外绿色港口发展战略及对上海港的启示［J］.集装箱化，2023，34（5）：1-5.